NTE ANS D'ART INDÉPENDANT

RÉTROSPECTIVE

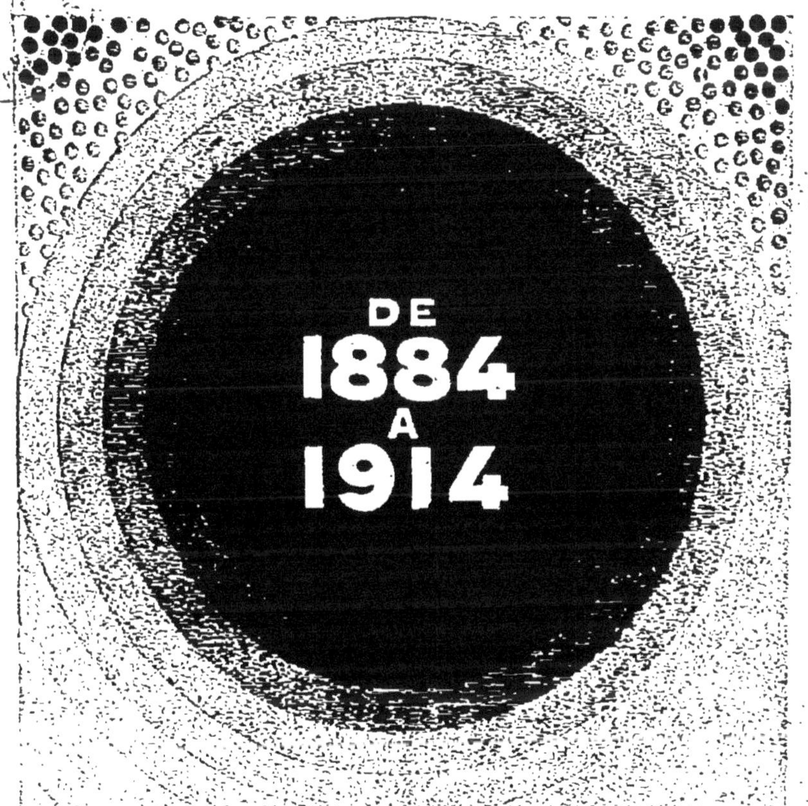

DE LA SOCIÉTÉ DES ARTISTES

INDÉPENDANTS

1926 - CATALOGUE - 1926

SOCIÉTÉ
des
ARTISTES INDÉPENDANTS

Reconnue d'Utilité Publique
(Fondée en 1884)

" NI JURY NI RÉCOMPENSES "

TRENTE ANS D'ART INDÉPENDANT

1884-1914

CATALOGUE

EXPOSITION RÉTROSPECTIVE

des Œuvres des Membres inscrits au cours des trente premières Expositions de la Société

au Grand Palais des Champs-Elysées

(Avenue Alexandre-III)

du 20 Février au 21 Mars inclus

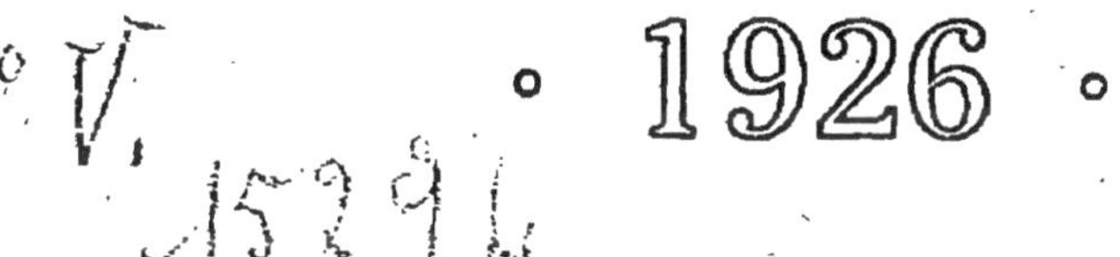

1926

(Consulter la Table des Matières à l'avant-dernière page)

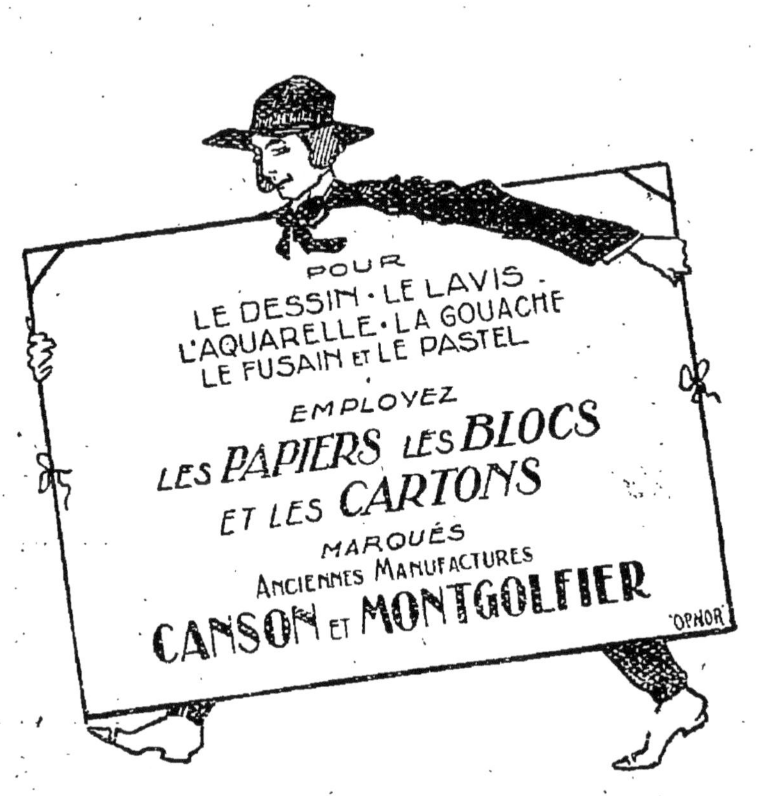
POUR
LE DESSIN · LE LAVIS ·
L'AQUARELLE · LA GOUACHE
LE FUSAIN ET LE PASTEL
EMPLOYEZ
LES PAPIERS LES BLOCS
ET LES CARTONS
MARQUÉS
ANCIENNES MANUFACTURES
CANSON ET MONTGOLFIER
OPNOR

1884

La Société des
" Artistes Indépendants "
basée sur le principe de la suppression
des Jurys d'admission, a pour but de permettre
aux Artistes de présenter librement
leurs œuvres au jugement
du Public

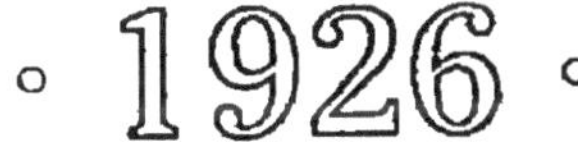

CABINET
DU
PRÉFET

—

INTÉRIEUR N° 122

RÉPUBLIQUE FRANÇAISE
LIBERTÉ — ÉGALITÉ — FRATERNITÉ

Préfecture du département de la Seine

LE PRÉSIDENT DE LA RÉPUBLIQUE FRANÇAISE,

Sur le rapport du Ministre de l'Intérieur,

Vu la demande présentée par l'Association dite *Société des Artistes Indépendants,* dont le siège est à Paris, en vue d'obtenir la reconnaissance comme établissement d'utilité publique;

L'extrait du procès-verbal de l'Assemblée générale en date du 31 mars 1920;

Le *Journal Officiel* du 5 décembre 1903 contenant la déclaration prescrite par l'article 5 de la loi du 1er juillet 1901;

Les comptes et budgets ainsi que l'état de l'actif et du passif de l'Association;

Les statuts proposés et les autres pièces de l'affaire;

La délibération du Conseil municipal de Paris en date du 20 novembre 1922;

L'avis du Préfet de la Seine du 7 décembre 1922;

L'avis du Ministre de l'Instruction publique et des Beaux-Arts en date du 24 juillet 1922;

La loi du 1er juillet 1901 et le décret du 16 août 1901;

Le Conseil d'Etat entendu,

DÉCRÈTE :

ARTICLE PREMIER. — L'Association dite *Société des Artistes Indépendants,* dont le siège est à **Paris,** est reconnue comme établissement d'utilité publique.

Sont approuvés les statuts de l'Association tels qu'ils sont annexés au présent décret.

ART. 2.— Le Ministre de l'Intérieur est chargé de l'exécution du présent décret qui sera inséré au *Bulletin des Lois.*

Fait à Rambouillet, le 30 mars 1923.

Signé : A. MILLERAND.

Par le Président de la République :

Le Ministre de l'Intérieur :

Signé : MAUNOURY.

Pour ampliation :

Le Chef du Bureau du Cabinet :

Signé : ARDOUIN.

Pour copie conforme :

Pour le Secrétaire général, le Conseiller de Préfecture délégué,

Signé : ILLISIBLE.

TRENTE ANS D'ART INDÉPENDANT

1884 - 1914

EXPOSITION RÉTROSPECTIVE

Présidents d'Honneur :

CLAUDE MONET, PAUL LÉON, PAUL SIGNAC

Comité de Patronage :

MM.

Arsène ALEXANDRE.
Roger ALLARD.
Léon BERARD.
Georges BERNHEIM.
BERNHEIM-JEUNE.
Marcel BERNHEIM.
Eugène BLOT.
Louis BONNIER.
Adolphe CHERIOUX.
Gustave COQUIOT.
Jacques DOUCET.
DONOP DE MONCHY.
DURAND-RUEL.
Théodore DURET.
DRU.
DRUET (Mme).
Paul ESCUDIER.
Elie FAURE.
Félix FENEON.
Paul GALLIMARD.
Gustave GEFFROY.
Honoré GIGUET.
J. HESSEL.
HODEBERT.
Alphonse KANN.
Gustave KAHN.

MM.

Raymond KŒKLIN.
Léon MARSEILLE.
André MELLERIO.
Georges MENIER.
Alexandre MERCEREAU.
Marcel MONTEUX.
Thadée NATANSON.
PACQUEMENT.
Auguste PELLERIN.
Paul POIRET.
E.-J. POIRY.
Paul-Napoléon ROINARD.
Léonce ROSENBERG.
Paul ROSENBERG.
Léon ROSENTHAL.
André SALMON.
Edouard SARRADIN.
Albert SARRAUT.
Charles SAUNIER.
STCHOUKINE.
THIEBAULT-SISSON.
TOUSSAINT-MARTEL.
Louis VAUXELLES.
Charles VILDRAC.
Ambroise VOLLARD.
WEIL (Mlle).

COMITÉ D'ORGANISATION

PRÉSIDENT

M. PAUL SIGNAC

Membre fondateur, Président de la Société

14, *rue de l'Abbaye.*

COMMISSAIRES DE L'EXPOSITION

MM. CARLOS REYMOND, ALEXANDRE URBAIN

7, *rue Daru.* 21, *quai Bourbon.*

SECRÉTAIRE GÉNÉRAL

M. CH. IGOUNET DE VILLERS

77, *rue Dareau.*

SECRÉTAIRES

MM. CH. JACQUEMOT, TRISTAN KLINGSOR

10, *rue Seveste.* 31, *av. du Parc-Montsouris.*

TRÉSORIER

M. GEORGES SCHREIBER

3, *rue Jules-César.*

DÉLÉGUÉS AU PLACEMENT

MM. LOUIS PAVIOT, CARLOS REYMOND
PAUL SIGNAC, ALEXANDRE URBAIN

CONSEIL JURIDIQUE

Officiers ministériels :
- Me GEORGES BATY, *huissier près les tribunaux.*
- Me GUSTAVE FICHOT, *avoué de 1re instance.*

Me GUSTAVE FORTIER, *avocat à la Cour d'Appel.*
M. le Docteur PAUL-MANCEAU, *avocat.*

MEMBRES DU COMITÉ D'ORGANISATION :

MM.

ALBERT Adolphe.
ALIX Yves.
ANGRAND Charles.
BARAT-LEVRAUX Georges.
BOMPARD Pierre.
BONNARD Pierre.
DELTOMBE Paul.
DESLIGNERES André.
DILIGENT Raphael.
DUNOYER DE SEGONZAC.
DENIS Maurice.
DUPONT Victor.
GROMAIRE Marcel.
GUERIN Charles.
HENRI-MATISSE.
HERMANN-PAUL.
IGOUNET DE VILLERS.
JACQUEMOT Charles.
JANSSAUD Mathurin.
JAUDIN Henri.

MM.

KLINGSOR Tristan.
LADUREAU Pierre.
LAPRADE Pierre.
LEBASQUE Henri.
LEVEILLE André.
LHOTE André.
LUCE Maximilien.
MANGUIN Henri.
MARCHAND Jean.
MARQUE Albert.
MARQUET Albert.
MOREAU Luc-Albert.
PARENT Léon.
PAVIOT Louis.
REYMOND Carlos.
SCHREIBER Georges.
SERUSIER Paul.
SIGNAC Paul.
TURIN André.
URBAIN Alexandre.

ADMINISTRATION :

Secrétaire général : Ch. IGOUNET DE VILLERS.

Secrétariat et Service de Vente : Emile VIGIER.

Service de Comptabilité : Julien LAGOUTTE.

Le "Curriculum Vitæ"

de la

Société des Artistes Indépendants

Un tiers de siècle d'expositions

			Exposants
1re	1884 (10 décembre)	Pavillon de la Ville de Paris, aux Champs-Elysées.	103
2e	1886 (21 août-21 sept.)	Rue des Tuileries, Bâtiment B, près du Pavillon de Flore	94
3e	1887 (26 mars-3 mai)	Pavillon de la Ville de Paris, aux Champs-Élysées.	105
4e	1888 (22 mars-3 mai)	Pavillon de la Ville de Paris, aux Champs-Élysées.	144
5e	1889 (3 sept.-4 oct.)	Salle de la Société d'Horticulture, 84, rue de Grenelle-St-Germain	120
6e (1)	1890 (20 mars-27 avril)	Pavillon de la Ville de Paris, aux Champs-Élysées.	170
7e	1891 (20 mars-27 avril)	Pavillon de la Ville de Paris, aux Champs-Élysées.	229
8e	1892 (19 mars-27 avril)	Pavillon de la Ville de Paris, aux Champs-Élysées.	260
9e	1893 (18 mars-27 avril)	Pavillon de la Ville de Paris, aux Champs-Élysées.	312
10e	1894 (7 avril-27 mai)	Palais des Arts libéraux, au Champ de Mars.	223
11e	1895 (9 avril-26 mai)	— —	289
12e	1896 (1er avril-31 mai)	— —	198
13e	1897 (3 avril-31 mai)	— —	223
14e	1898 (19 avril-12 juin)	Palais de Glace, aux Champs-Élysées. . . .	194
15e	1899 (21 oct.-26 nov.)	Garde-Meuble du Colisée, 5, rue du Colisée, aux Champs-Élysées	87
16e	1900 (5 au 25 déc.)	Garde-Meuble du Colisée, 5, rue du Colisée, aux Champs-Élysées	55

(1) La Société Nationale des Beaux-Arts a été fondée en 1890.

			Exposants
17e	1901 (20 avril-21 mai)	Grande Serre de l'Alma, au Cours la Reine.	162
18e	1902 (29 mars-5 mai	— —	276
19e (2)	1903 (20 mars-25 avril)	— —	394
20e	1904 (21 fév.-24 mars	— —	466
21e	1905 (24 mars-30 avril)	Grandes Serres de l'Alma et des Invalides, au Cours la Reine	667
22e	1906 (20 mars-30 avril)	Grandes Serres de l'Alma et des Invalides, au Cours la Reine.	842
23e	1907 (20 mars-30 avril)	Grandes Serres de l'Alma et des Invalides, au Cours la Reine.	1039
24e	1908 (20 mars-2 mai)	Grandes Serres de l'Alma et des Invalides, au Cours la Reine.	1320
25e	1909 (25 mars-2 mai)	Grande Serre de l'Orangerie, au Jardin des Tuileries	837
26e	1910 (18 mars-1er mai)	Baraquements du Cours la Reine, au Pont des Invalides.	1182
27e	1911 (21 avril-13 juin)	Baraquements du Quai d'Orsay, au Pont de l'Alma.	1388
28e	1912 (20 mars-16 mai)	Baraquements du Quai d'Orsay, au Pont de l'Alma.	1264
29e	1913 (19 mars-18 mai)	Baraquements du Quai d'Orsay, au Pont de l'Alma.	1015
30e	1914 (1er mars-30 avril)	Baraquements du Champ-de-Mars, av. de La-Bourdonnais, près l'École Militaire. .	1320
		Il n'y eut pas d'Exposition au Cours de la guerre	
31e	1920 (28 janv.-28 fév.)	Grand Palais des Champs-Élysées, avenue Victor-Emmanuel III.	1141
32e	1921 (23 janv.-28 fév.)	Grand Palais des Champs-Élysées, avenue Victor-Emmanuel III.	1017
33e	1922 (28 janv.-28 fév.)	Grand Palais des Champs-Élysées, avenue Victor-Emmanuel III.	1330
34e	1923 (10 fév.-10 mars)	Grand Palais des Champs-Elysées, avenue Victor-Emmanuel III.	1660
35e	1924 (9 fév.-12 mars)	Grand Palais des Champs-Élysées, avenue Victor-Emmanuel III.	1700
36e	1925 (21 mars-3 mai)	Palais de Bois, 93, avenue de la Grande-Armée, Porte Maillot.	1891
	1926	TRENTE ANS D'ART INDÉPENDANT (1884-1914). Exposition rétrospective, 20 fév.-21 mars, Grand Palais des Champs-Elysées avenue Alexandre-III	567
37e	1926 (20 mars-2 mai)	Palais de Bois, 93, avenue de la Grande-Armée, Porte Maillot.	2000

(2) La Société du Salon d'Automne a été fondée en 1903.

GALERIE GRANOF

TROIS TOILES

Les Membres de la Société
des Amateurs d'Art et des
Collectionneurs exposeront
les Trois Toiles préférées
de leurs collections, du 12
au 28 Mars 1926

VERNISSAGE - INAUGURATION LE 12 MARS 192

166, BOULEVARD HAUSSMANN, 16

R. C. S. 344.580 PARIS VIIIe Tél. : Carnot 35-4

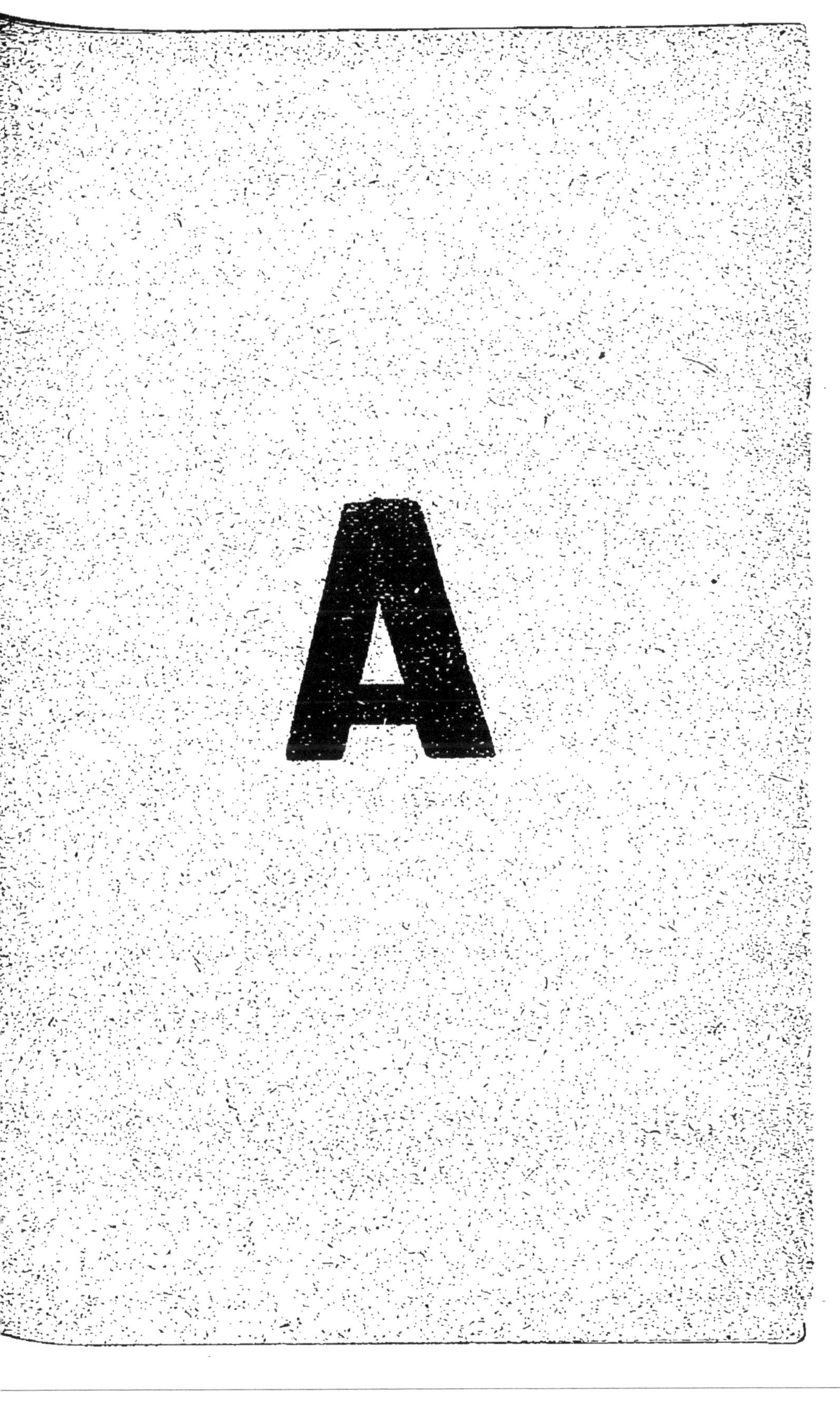
A

CATALOGUE

Renseignements importants

Désignation des ouvrages exposés

Le millésime qui suit les nom et prénoms de l'artiste indique la date de son entrée à la Société.

Chaque ouvrage est suivi de l'indication de la date de sa production.

Les ouvrages ayant figuré aux précédentes Expositions de la Société sont suivis de l'abréviation : IND. et de la date de l'Exposition.

Les ouvrages ayant figuré à d'autres Expositions sont indiqués comme suit :

A. F. : Salon des Artistes Français. — S. N. : Salon de la Société Nationale des Beaux-Arts. — S. A. : Salon d'Automne. — S. H. : Salon d'Hiver. — P. M. : « Paris Moderne ». — S. T. : Salon des Tuileries.

Service de Vente

Tous les ouvrages exposés sont mis en vente par les artistes, sauf ceux dont l'indication de non mise en vente ou de propriété des auteurs ou de tierces personnes est mentionnée au catalogue.

Un représentant de la Société se tient à la disposition de MM. les visiteurs qui trouveront au Secrétariat de l'Exposition **tous renseignements concernant la vente** des ouvrages exposés.

Les bureaux du Secrétariat et du Service de Vente se trouvent à l'entrée de l'Exposition.

Entrée par la Porte Principale du Grand Palais, avenue Alexandre-III (partie gauche).

DÉSIGNATION

DES

OUVRAGES EXPOSÉS

(Artistes vivants)

ADOUR (Mlle Pauline) — 1905 — née à Paris. — 19, rue Le Verrier (6e).

1 Parc en automne — 1908.
2 Parc de Versailles — 1909.
3 Nu — 1913.
4 Portrait — 1914.
5 Portrait — 1923.
6 Jeune femme — 1925.

AGUTTE (Mme Georgette). Voir : EXPOSITIONS POSTHUMES.

ALBERT (Adolphe) — 1886 — né à Paris. — « Le Tilleul », Les Andelys (Eure).

7 Au bal de l'Opéra — 1893.
8 Femme à la ceinture verte — 1898.
9 Etude de nu — 1901.
10 Nature morte — 1895.
11 Nature morte (roses) — 1904.
12 Le petit vacher — 1888 — Appartient au Dr C...

ALDER (Emile) — 1907 — né à Zürich (Suisse) — Suisse. — 35, boulevard Rochechouart, 9e.

13 Forêt de bouleaux — 1910.
14 Pont de Sartrouville — 1913.
15 Soleil levant (Alpes suisses) — 1914.
16 Jura bernois — 1922.
17 Nu — 1925.
18 Baigneuses — 1925.

ALEXANDROVITCH (Alexandre-Joseph) — 1903 — né en Russie — Français. — 26, rue André-Chénier, Bois-Colombes (Seine).

19 Au Soir de la Vie — 1906.
20 Mme de Banville — 1908.

21 Alfred-Naquet — 1909 — Appartient à l'Etat.
22 Le Repentir — 1910.
23 Le Passé et l'Avenir — 1924.
24 Lénine — 1925.

ALIX (Yves) — 1912 — né à Fontainebleau. — 4, rue Belloni, 15e

25 La Cathédrale — 1912 — Appartient à l'auteur
26 Rochers à Ploumanach — 1913 — Appartient Mme de B...
27 Nature morte à la cafetière — 1914.
28 Le rideau d'arbres — 1923.
29 Le ténor Koubitzky chantant — 1924 — Appartient à M. R. Gaffé.
30 Paysage de Normandie — 1925.

ALY (Gustave) — 1905 — né à Arras (Pas-de-Calais). — 9, rue Daviel, 13e.

31 Rochers par gros temps — IND. 1909.
32 Moulin sur le Wimereux — IND. 1912.
33 Vieille route (vallée de l'Eure) — IND. 1913.
34 Port de pêche (île d'Oléron) — IND. 1914.
35 Effet de matin en Auvergne — 1922.
36 Rochers de Ploumanach (étude) — 1923.

ANDRE (Albert) — *Voir supplément.*

ANDRE (Gaston) — 1910 — né à Angers. — 15, rue Cauchois, 18e.

37 Anémones — 1910.
38 Tulipes — 1910.
39 Paysage de la Creuse — 1914.
40 Plan du lac (Dauphiné) — 1920.
41 Fruits — 1924.
42 La Meidje vue du Chatelleret — 1925.

ANDRIEUX (Alfred-Louis) — 1913 — né à Paris. — 42, rue Scheffer (16e).

43 Corbeau — 1912 — IND. 1914.
44 Canard mort — 1913.
45 Nature morte — 1914.
46 Canards dans le brouillard — IND. 1923.
47 Environs de Vence — IND. 1924.
48 Lecture — 1924 — Appartient à Mme A...

ANGRAND (Charles) — *Membre fondateur* — 1884. — 33, quai de Paris, Rouen.

49 La femme au chou — Appartient à M. Dezerville, Dijon.
50 La couseuse — Appartient à M. Pierre Angrand, Dieppe.
51 La ligne de l'Ouest — Appartient au Dr Matton, Salies-de-Béarn.
52 Le port — Appartient à M. Paul Signac, Paris.
53 La poutre — Appartient à M. Pernet, Paris.
54 La procession — Appartient à Mme Keller, Paris.

ANQUETIN (Louis) — *Voir supplément.*

ARNAVIELLE (Jean) — 1907 — né à Paris. — 2, passage Dantzig, 15e, et 8, quai de Paris, Rouen.

55 Soir d'automne à Versailles — 1907.
56 Versailles : le Bain de Diane — 1907.
57 Tolède : le pont Alcantara — 1914.
58 Ségovie — 1914.
59 La Seine à Rouen — 1924.
60 Crépuscule à Rouen — 1925.

ASSELIN (Maurice) — 1906 — né à Orléans. — 47, rue du Bois-de-Boulogne, Neuilly-sur-Seine.

61 Portrait de M. T. P... — 1907 — Appartient à M. P...
62 Nature morte — 1908 — Collection particulière.
63 La grand'mère tricotant — 1910 — Collection particulière.
64 Montmartre (paysage) — 1911 — Appartient à M. D...
65 Le lièvre — 1924 — Appartient à M. S...
66 Nature morte au canard sauvage — 1926.

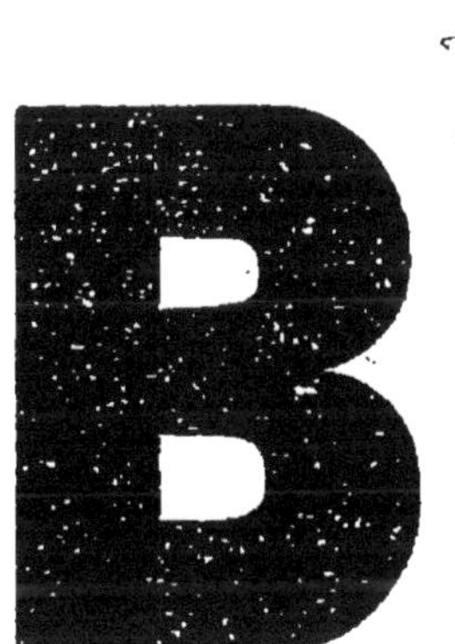

NOTES

BACH (Marcel) — 1906 — né à Bordeaux. — 7, rue Alain-Chartier (15e).

67 Le chemineau — 1907.
68 Vieille du Midi — 1911.
69 Paysage du Lot — 1911.
70 Femme au travail — 1910.
71 Dalhias — 1923.
72 Récolte des pommes de terre — 1925.

BAFFIER (Jean) — Voir: EXPOSITIONS POSTHUMES.

BAIGNERES (Paul-Louis) — 1893 — né à Paris. — 9, rue Poulletier (4e).

73 L'enfant et la chèvre — 1905 — Pas à vendre.
74 Le goûter — IND. 1906.
75 Etude de nu — IND. 1908.
76 Le modèle et le peintre — vers 1912.
77 Paysage du Midi — 1924.
78 Intérieur — 1925.

BALLET (André-Victor) — 1908 — né à Paris. — 11, rue Galliéni, Versailles (Seine-et-Oise).

79 Venise, Grand Canal — 1912 — IND. 1913.
80 Venis, Bacino San Mose — 1912 — IND. 1913.
81 Marseille, le Vieux Port, le soir — 1913 — S. N. 1914.
82 Versailles, Bassin de Saturne — 1923.
83 Trianon, parterre de géraniums — 1923 — S. N. 1924.
84 Douarnenez, le Port-Rû — 1924 — S. N. 1925.

BARAT-LEVRAUX (Georges) — 1906 — né à Blois. — 2, rue Aumont-Thiéville (17e).

85 Ma première toile — 1904.
86 Intérieur — 1913 — IND. 1914 — Appartient à M. Weyler.
87 Chemin à Cassis — 1914 — Appartient à M. Georges Rivière.
88 Nus au miroir — 1921.
89 Nu à contre-jour — 1921.
90 Nature morte au homard — 1925.

BARBA (Mme Marie) — 1907 — née à Marseille. — 86, rue Cardinet (17e).

91 La pouponnière — 1914.
92 Asile des tout petits — 1914.
93 En loge.

94 Ma fille chérie — 1920.
95 Ne bouge pas.
96 Bonne nuit — 1925.

BARBEY (Mlle Jeanne-Marie) — 1911 — née à Paris. — 40, rue de Paris, Bagnolet (Seine).

97 Nature morte — 1911.
98 Le manoir de Kergadiou — 1912 — **Pas à vendre.**
99 Devant la fenêtre — 1914.
100 La pomme verte — 1918 — Pas à vendre.
101 Le Pardon de St-Philibert — 1920.
102 Jour de fête — 1925.

BARBEY (Maurice) — 1912 — né à Paris. — 60, rue du Château-d'Eau (10e).

103 Environs de Paris (Cachan) — 1912.
104 Neige et soleil à Mayence — 1912.
105 Environs de Paris (Gentilly) — 1913.
106 Pont-Neuf — 1914.
107 Bord de la Seine — IND. 1922.
108 L'orée du bois de la Vieuville (St-Cast) — 1922.

BARBEY (Valdo-Louis) — 1906 — né à Valleyres. — 1, rue des Saints-Pères (6e).

109 Le paysan — 1902.
110 Marianne — 1903.
111 Nature morte au gibus — 1913.
112 Bateaux de pêche — 1922.
113 Nu — 1923.
114 L'arpette — 1925.

BARBIER (André) — 1903 — né à Arras. — 20, quai d'Orléans, 6e.

115 Le pont Louis-Philippe — 1904.
116 Goëlette, La Rochelle — 1907 — IND. 1908 — Appartient au Dr Mac-Guffié.
117 Le port de La Rochelle — 1907 — IND. 1908 Appartient à M. Georges Dufrénoy.
118 Matin de neige — 1911 — IND. 1912.
119 Vue de ma fenêtre, en hiver — 1911 — IND. 1912.
120 Etude de fleurs — 1912.

BARON (Marcel-Julien) — 1902 — né à Paris. — 60, rue des Tournelles (3ᵉ).

121 Pommiers ensoleillés — 1912.
122 Chêne par temps gris — 1913.
123 Rochers — 1913.
124 Allée en forêt — 1922.
125 Pins au soleil — 1922.
126 Paysage (soleil couchant) — 1922.

BARRIERE (Georges) — 1911 — né à Chablis (Yonne). — 62, rue Rébeval (19ᵉ).

127 Entrée de village — 1909.
128 Le hameau sous la neige — 1914.
129 Paysage provençal — 1925 — Appartient à M. C.
130 Paysage corse — 1925.

BARWOLF (Georges) — 1898 — né à Bruxelles — Belge. — 60, boulevard de Clichy (18ᵉ).

131 Boulevard de Clichy (neige) — IND. 1903.
132 Baraque de lutteurs — 1906 — IND. 1907.
133 La place Clichy (pluie) — 1907.
134 La place Pigalle (neige) — 1911.
135 Place de l'Opéra (neige) — 1919.
136 Place Pigalle (pluie) — 1923.

BATTAGLIA (Mathieu) — *Membre fondateur* — 1884 — né à Brusimpiano (Italie) — Français. — 2, passage Dantzig (15ᵉ).

137 Roses — 1895.
138 Coin de jardin.
139 Volubilis.
140 Chrysanthèmes — 1884.
141 Roses — 1895.
142 Coin de jardin — 1900.

BAUCHE (Léon-Charles) — 1905 — né à Paris. — 2, passage Dantzig (15ᵉ).

143 Parc de Saint-Cloud — 1908 — Appartient à M. G. Roger.
144 Bord de Seine à Paris — 1911.
145 Le Pont-Neuf — 1912.
146 Le Pont Marie — 1914.
147 La sieste — 1924.
148 La vallée — 1925.

BAUDOT (Mlle Jeanne) — 1906 — née à Paris. — Louveciennes (Seine-et-Oise).

149 Roses — 1925.
150 Dahlias — 1924.
151 Zinnias — 1923.
152 Jeune fille — 1913.
153 Pivoines — 1912.
154 Fleurs — 1911.

BAUSIL (Louis) — 1906 — né à Carcassonne. — 16, rue des Écoles-Vieilles, Perpignan (Pyrénées-Orientales).

155 Ravaudeuses de filets à Collioure — 1909 — Appartient à Mme la Comtesse d'A...
156 Pêchers et pommiers en fleurs à Amélie-les-Bains — 1909.
157 Pêchers en fleurs à Amélie-les-Bains — 1910.
158 La baie de Llausa — 1910 — Apartient à Mme la Comtesse d'A...
159 En Cerdagne — 1911.
160 Vieilles faïences et fleurs fanées — 1923.

BEAU (Henri) — 1902 — né à Montréal (Canada) — Canadien. — 114, rue de Vaugirard (6e).

161 Prémices — 1897.
162 Port de Saint-Malo — 1920.
163 Sienne (Italie) — 1913.
164 Rouen (effet gris) — 1923.
165 Rosée — 1903.
166 Intérieur — 1910.

BECHET (Maurice) — 1905 — né à Paris. — 235, faubourg Saint-Honoré (8e).

167 Fleurs et fruits — IND. 1911.
168 Etude — IND. 1912.
169 Pommes et raisins — S. A. 1913.
170 Fruits — S. A. 1913.
171 Médianoche — S. A. 1920.
172 Ustensiles de cuisine — IND. 1923.

BELLAN (Gilbert) — *Voir supplément.*

BELOFF (Mme Angeline) — 1912 — née à Saint-Pétersbourg (Russie) — Russe. — 6, rue Desaix (15e).

173 Monistrol (eau-forte) — IND. 1912.
174 Nature morte aux pommes — 1914 — Appartient à Mme N...
175 Nature morte à la bombonne — 1914.
176 Nature morte aux poissons — 1917.
177 Fleurs — 1923.
178 Portrait — 1925 — Appartient à Mme R...

BELOT — Voir : GABRIEL-BELOT.

BENEZIT (Emmanuel-Charles) — 1906 — né à Paris. — Villa Jeanne-d'Arc, 7, rue de Bièvre, Bourg-la-Reine (Seine).

179 La Mare aux Loups (Normandie) — 1912.
180 Bords de Seine — 1913.
181 Paysage — 1914.
182 L'amandier fleuri — 1918.
183 La Peinture (faisant partie de quatre décorations sur les Arts — 1924 — Appartient à l'auteur.
184 Le printemps en Provence — 1925 — Collection de M. Ed. Boileau.

BENONI-AURAN (Benoit) — 1901 — né à Monteux (Vaucluse). — 12, rue du Moulin-de-Beurre (14e).

185 Marseille (brume sur la mer) — A.F. 1924.
186 Marseille, le transbordeur — IND. 1914 — A. F. 1921.
187 Marseille, vieux port — IND. 1914 — A. F. 1921.
188 Portrait de mon père — IND. 1912.
189 Jardin du Luxembourg, Paris — IND. 1916.
190 Marseille, Notre-Dame-de-la-Garde — IND. 1924.

BERGEVIN (Albert) — 1910 — né à Avranches. — 1, rue Mission-Marchand (16e).

191 Nature morte — 1908.
192 Nature morte — 1911.
193 Cirque — 1913.
194 Intérieur — 1925.
195 Les roulottiers — 1925.
196 Fête villageoise — 1925.

BERGON (F.-M.) — 1912 — né à Narbonne. — 11, rue Simon-Dereure (18e).

197 Femme à la pomme — IND. 1913 — Appartient à M. le Dr Audiard.
198 Le Canal de l'Ourcq à Paris — 1914 — Appartient à M. Alexandre Meunier.
199 Vieux pont et vieilles maisons dans le Gard — 1914 — Appartient à M. Alexandre Meunier.
200 Vieille église — 1919.
201 Paysage — 1920.
202 Roses — 1921.

BERLIOZ (Charles) — 1895 — né à Rouen. — 55, rue de Dantzig.

203 La Mer du Nord — 1905.
204 Hameau cévenol — 1907.
205 Matinée en Languedoc — 1914.
206 Georges d'Eric — 1904.
207 Les bords de l'Orb — 1909.
208 Jardin du Luxembourg — 1923.

BERNARD-TOUBLANC (Edouard) — 1911 — né à Amiens. — 31, rue Campagne-Première (14e).

209 Neige à Argelès — 1913.
210 Neige à Paris — 1914.
211 Grenades et coings — 1914.
212 Plat de courges — 1920.
213 La route (Benodet) — 1922.
214 Martigues (le soir) — 1924.

BERTEAUX (René) — Voir : Expositions posthumes.

BERTHELIER (Pierre) — 1912 — né à Paris. — 15, rue Cauchois (18e).

215 Etude — 1910.
216 Normande — IND. 1912.
217 Eglise de Bouillon (Manche) — IND. 1912.
218 Huttes de gardes-côtes (Manche) — 1913 — IND. 1920.
219 Pêcheurs à la bichette (Granville) — 1913 — IND. 1920.
220 De ma fenêtre — 1925.

BERTRAM (Abel) — 1905 — né à Saint-Omer. — 3 *bis*, rue Vallier, Levallois (Seine).

221 La petite Eva — 1905.
222 Le livre — 1908.
223 Le laboureur — 1913.
224 Sortie de maison — 1918.
225 Rue de village — 1923.
226 Printemps — 1925.

BERTRAND (Jean) — 1911 — né à Versailles. — 48, avenue Villeneuve-l'Etang, Versailles (Seine-et-Oise).

227 Les balayeurs — 1913 — Appartient à M. X...
228 Portrait de Mlle S. V.-B. — 1914 — Appartient à Mme X...
229 Portrait de ma mère — 1908 — Appartient à l'auteur.
230 La baie Saint-Jean — 1919.
231 Le marin — IND. 1924.
232 La douceur de vivre — IND. 1925.

BERTRAND (Pierre-Philippe) — 1907 — né à Lorient. — 50, rue des Batignolles (17e).

233 Matinée d'été en Bretagne — 1908.
234 Petit fiord ensoleillé (Groix) — 1911.
235 Thoniers dans le port — 1913 — Appartient à M. Romain Coolus.
236 La tasse verte — 1922.
237 La sieste — 1923.
238 Reflets et transparences (Belle-Ile) — 1924.

BESNIER (Fernand) — *Voir supplément.*

BESNUS (Georges-Hippolyte) — 1911 — né à Paris. — « Ker-Ka-ré », route départementale, à Vaucresson (Seine-et-Oise).

239 Cour de ferme à Veneux-Nadon — IND. 1896.
240 Le lac de Mortefontaine — 1908.
241 Crépuscule à Quiberon — IND. 1910.
242 La dune à Penthièvre — 1918.
243 La route à Quiberon — IND. 1919.
244 Le bois de Penthièvre — 1920.

BILEK (Aloïs) — 1913 — né en Bohême — Tchécoslovaque. — 9, rue Falguière (15ᵉ).

245 Une baignade (aquarelle) — 1913.
246 Une baignade (aquarelle) — 1914.
247 Au soleil — 1914.
248 Dans le jardin — 1914.
249 Sous les arbres — 1919.
250 Tableau — 1925.

BILLETTE (Aimé-Emile-Raymond) — 1906 — né à Paris. — 61, quai de la Tournelle (5ᵉ).

251 Tête de jeune fille (étude) — IND. 1906 — Appartient à Mᵐᵉ Neveu.
252 Nature morte (fuchsia) — IND. 1907 — Appartient à M. Zunz.
253 Femme à sa toilette — IND. 1909 — Appartient à Mᵐᵉ Neveu.
254 Nature morte (chandelier) — IND. 1910 — Appartient à Mᵐᵉ Vᵛᵉ Z...
255 Jeune fille — Appartient à M. O'Conor.
256 Vue de Paris.

BING (Mᵐᵉ Olga) — 1911 — née à Paris. — 33, rue Washington (8ᵉ).

267 Chrysanthèmes — 1910 — Appartient à M. B...
268 Pêches — 1912.
269 Le bain — IND. 1914 — Appartient à M. P...
270 Dahlias — 1919 — Appartient à M. F...
271 Portrait de Bébé — IND. 1924 — Appartient à l'auteur.
272 Peinture symphoniste — 1925.

BENZ-BIZET (Mᵐᵉ Andrée) — 1911 — née à Poitiers. — 6 *bis*, rue Bachaumont (2ᵉ).

273 Les Buttes-Chaumont — 1910.
274 Paysage — 1911.
275 Etude — 1912.
276 Paysage — 1918.
277 Paysage — 1920.
278 Portrait — 1923.

BLIVES (Roger de) — Voir : EXPOSITIONS POSTHUMES.

BLOT (Jacques-Emile) — 1906 — né à Paris. — 9, rue du Val-de-Grâce (5e).

279 Portrait — 1909 — Appartient à M. J. B...
280 Pigeonnier — 1912 — Appartient à M. Em. Bernard.
281 Parc — 1912 — Appartient à M. Jean Vincent.
282 L'Yerre — 1912 — Appartient à Mme de C...
283 Neige — 1913 — Appartient à Mme E. B...
284 Jeune femme étendue — 1925.

BOISGONTIER (Henri) — 1901 — né à Saint-Cyr près Tours. — 240, boulevard Raspail (14e).

285 Allée de châtaigniers — 1907.
286 Le feu en forêt (Fontainebleau) — 1912.
287 Le Bas Bréau (hiver) — 1913.
288 Grand bassin de la Villette — 1913.
289 La Villette (hiver de 1917) — 1917.
290 Le Gourd de Lantonière (Creuse) — 1922.

BOLLIGER (Rodolphe) — 1909 — Suisse. — 10, rue d'Orchampt (18e).

291 Mon chien — 1908.
292 Jeune fille — 1910.
293 Cheval couché — 1910.
294 A l'écurie — 1925.
295 Attelage — 1924.
296 A Montmartre — 1922.

BONANOMI (César) — *Voir supplément.*

BOMPARD (Pierre) — 1911 — né à Verdun. — 15, rue Edouard-Jacques (14e).

297 Nature morte (pommes) — 1909.
298 Nature morte (pommes) — 1909.
299 Paysage (Bretagne) — 1910.
300 Pêcheurs à Doëlan — 1923 — IND. 1924 — Prix du Comité américain « L'Appui aux Artistes » 1925.
301 Le débit à Doëlan n° 2 — 1924 — S. T. 1925.
302 La sardinerie à Doëlan — 1925.

BONNARD (Pierre) — 1891 — né à Paris. — 48, boulevard des Batignolles (17e).

303 Scène de jardin — IND. 1892.

304 L'après-midi bourgeoise.
305 Au jardin.
306 La toilette.
307 Campagne.
308 Paradis.

BORGEAUD (Marius) — Voir : EXPOSITIONS POSTHUMES.

BOUCHE (Georges) — 1902 — né à Lyon. — 1, quai Magne, Ablon-sur-Seine.

309 Ma grand'mère — 1890 — Appartient à M. Chéron.
310 Paysage du Dauphiné — 1892 — IND. 1903 — Appartient à l'auteur.
311 Paysage en Auvergne — 1906 — Appartient à M. Maurice Meunier.
312 Vue sur Notre-Dame — 1921 — Appartient à M. Eugène Blot.
313 Palette et pinceaux — 1924.
314 Jeux — 1925.

BOUDOT-LAMOTTE (Maurice) — 1902 — La Fère (Aisne). — 108, rue Olivier-de-Serres (15e).

315 Le quartier (ciel bleu) — IND. 1910.
316 Etude dans un miroir — 1911.
317 Religieuse de la Croix de Chauny — 1912.
318 Le quartier (ciel gris) — 1912.
319 Nature morte (cuivre, oignons, faïence) — IND. 1913.
320 La récureuse — 1914.

BOULANGER (Cam') — 1912 — né à Paris. — 48, rue des Marais (10e).

321 Comme mon maître (aquarelle) — 1910.
322 Un malin (gouache) — IND. 1912.
323 Toute ma nichée (gouache) — IND. 1912.
324 Pauvre poupée — IND. 1912.
325 Chien (gouache) — 1920.
326 Cauchemar de ma chatte — IND. 1920.

BOUQUET (Louis) — 1910 — né à Lyon. — 1, rue Leclerc (14e) et Galerie J. Billiet, 24, rue de la Ville-l'Evêque (8e).

327 Eve — 1911 — IND. 1912.

328 Petite fille — 1911 — IND. 1913 — Appartient à M. Arnaud.
329 Le jeune homme et la beauté — 1912.
330 Les Champs-Elysées — 1919 — IND. 1920.
331 Orphée — 1919.
332 Portrait d'enfant — 1921.

BOURG (Emile) — 1910 — né à Metz (Moselle). — 17, rue de Draveil, à Juvisy (Seine-et-Oise).

333 Le petit lavoir à Perray-Vaucluse — 1911.
334 L'Ermitage à la forêt de Sénart — 1911.
335 Les Ronceveaux, près de Malesherbes — 1912.
336 L'Orge à Villemoisson, au printemps — 1913.
337 Les vieux saules à Perray-Vaucluse — 1919.
338 Le coteau d'Etrechy (S.-et-O.) — 1924.

BOURGEOIS (Alfred) — 1904 — né à Paris. — 1, rue des Fourches, à Pierrefitte (Seine).

339 Pommier en fleurs — 1905 — Appartient à M. Constantin.
340 Route en Normandie — 1910 — Appartient à M. Constantin.
341 Maison en Beauce — 1912 — Appartient à M. Constantin.
342 Fleurs des champs — 1924 — Appartient à M. Delu.
343 Maison en Provence — 1925.
344 Les giroflées — 1925.

BOUSSINGAULT (Jean-Louis) — 1907 — né à Paris. — 11, rue des Sablons (16e).

345 Femme couchée — 1907 — Appartient à M. A...
346 Nature morte — 1923 — Appartient à Mme H...

BOUTET DE MONVEL (Bernard) — 1905 — né à Paris. — 11, passage de la Visitation (7e).

347 Portrait — 1904.
348 Boucherie (soleil) — IND. 1905.
349 Boucherie (ombre) — IND. 1905.
350 Nemours — 1913.
351 Fez (cinq heures) — 1918.
352 Fez (sept heures) — 1918.

BOYD (Elizabeth-France) — 1905 — née à Skelmorlie (Ecosse) — Ecossaise. — Winds-Camber-Rye, Sussex (Angleterre).

353 Fleurs — IND. 1907.
354 La barque de cabotage — IND. 1914.
355 La muraille rose — 1914.
356 La Caserna — IND. 1921.
357 Ponte del Sacco — 1922.
358 Jeune fille en noir — 1922.

BRABO (Albert) — 1909 — né à Alais (Gard). — 55, rue des Abbesses (18e).

359 La terrasse — IND. 1910.
360 Paysage d'automne — 1910.
361 Le déjeuner — 1914 — Prêté.
362 Paysage cévenol — 1919.
363 Paysage à Alès — 1925.
364 Paysage à Alès — 1925.

BRECQ (Fernand) — *Voir supplément.*

BREMOND (Jean-Louis) — 1892 — né à Paris. — 5, Grande-Rue, à Bellevue (Seine-et-Oise).

365 Le nuage (gravure originale) — 1913.
366 Sous les pins (gravure originale) — 1914.
367 Soir d'orage (gravure originale) — 1911.
368 Les badauds (pastel) — IND. 1895.
369 Le soir (goëlette) — 1910.
370 Le matin (pastel) — 1892.

BREMOND (Mme Marie-Jeanne) — 1892 — née à Paris. — 5, Grande-Rue, à Bellevue (Seine-et-Oise).

371 Portrait de Mme Donat Martin (pastel) — 1891 — IND. 1892 — Appartient à Mme B...
372 Pierre et Jacques — 1901 — Appartient à l'auteur.
373 Lilas dans un vase de Delft — 1912 — IND. 1920.
374 Ramasseurs de bois — 1919 — IND. 1920.
375 L'hiver — IND. 1922.
376 Portrait dans la neige — IND. 1924 — Appartient à M. B...

BREWSTER (Mme Barlow Achsach) — 1914 — née à New-York — Américaine. — 125, boulevard Montparnasse, Paris American Art Co.

377. Gethsemane.
378 Saint Francis.
379 Femme au reliquaire.
380 Aphrodite.
381 Fillette au lapin blanc.
382 Hippolyte.

BREWSTER (E.-H.) — 1913 — né à New-York — Américain. — 125, boulevard Montparnasse, Paris American Art Co.

383 Bouddha et le Sivan.
384 Vanité blanche.
385 Crucifixion.
386 Le marin.
387 La Madone à l'oiseau jaune.
388 Le nègre bleu.

BRIAUDEAU (Paul-Charles) — 1901 — né à Nantes. — 37, rue Denfert-Rochereau (5e).

389 Nature morte (pot vert) — 1900.
390 Panier de fruits et pot — 1898.
391 Echiquier et pipe — 1907.
392 Le Sulaire (Finistère) — 1902.
393 Bal masqué — 1913.
394 Pornic (matin de septembre) — 1923.

BRIN (Quentin) — *Voir supplément.*

BRISSAUD (Jacques) — 1905 — né à Paris. — 1, rue Bonaparte (6e).

395 Paysage — 1904.
396 La lettre de faire-part — 1917 — Appartient à Mme B...
397 Portrait — 1912 — Appartient à M. P. L...
398 Nu debout — 1922.
399 Nu assis — 1922 — Appartient à M. B...
400 Femme se coiffant — 1914.

BROSSIN DE POLANSKA (Mme Henriette) — 1910 — née à Kharkoff — Suisse. — 7, rue du Chalet, à Boulogne-sur-Seine (Seine).

401 Enfant chrysalide (portrait) — 1912.
402 Madone — 1913.

403 Portrait de Mme de P... — 1912 — Pas à vendre.
404 Portrait de Mme H... et de Mme G. B... — 1923 — Appartient à Mme H...
405 Carton de vitrail — 1925.
406 Carton de vitrail — 1925.

BRUGUIERE (Fernand) — 1906 — né à Nîmes (Gard). — 23, rue Brezin (14e).

407 Versailles — 1908.
408 Versailles (neige) — 1908 — Apartient à M. Oudineau.
409 Notre-Dame de Paris (neige) — 1910.
410 Notre-Dame de Paris (automne) — 1913.
411 L'église de Moret — 1916.

BUGNON (Mlle Berthe) — 1912 — née à Paris. — 46, rue de la Paroisse, à Versailles (Seine-et-Oise).

412 Rue de la Petite-Cordonnerie, Chartres (eau-forte originale en noir) — IND. 1912.
413 Versailles, allée des Marmousets — 1912.
414 Versailles, parterre du Nord — 1912.
415 Notre-Dame de Paris — 1913.
416 Petite place Sainte-Marguerite, Beauvais (eau-forte originale) — 1916.
417 Versailles, boulevard Saint-Antoine — 1922.

BUHOT (Jean) — 1911 — né à Paris. — 4 *bis*, rue Gustave-Zédé (16e).

418 Grenelle — 1912.
419 Coin-d'atelier — 1913.
420 Dinard — 1913.
421 La veillée — 1914.
422 Une rue à Passy — 1919.
423 Portrait — IND. 1921.

BULLIO (Eugène) — 1906 — né à Marseille. — 10, r. de Turbigo (1er).

424 Ruelle (Sartrouville) — 1908.
425 Vieille maison — 1910.
426 Marine (Provence) — IND. 1912.
427 L'entrée du village — 1924.
428 Le ruisseau — 1924.
429 Village de Bourgogne — 1925.

BURGUN (Georges-Marcel) — 1903 — né à Paris. — 42, route de Clamart, à Issy-les-Moulineaux (Seine).

430 Le pont d'Annet — 1894 — Appartient à l'auteur.
431 Marabout Sidi Djilali — 1898 — Appartient à M. G. Fauh.
432 Après l'inondation — 1910 — Appartient à M. H. Burgun.
433 Nature morte — 1914 — Appartient à M. M. Besnard.
434 Paysage — 1918.
435 Sur la terrasse — 1919 — Appartient à M. A. Paillard.

BURNSIDE (Cameron) — 1911 — né à Londres — Américain. — Chez M. Lucien Lefebvre-Foinet, 19, rue Vavin (6e).

436 Descente de la croix — 1900.
437 Après la pêche (Concarneau) — 1914.
438 Femmes voilées — 1914.
439 Arabes — 1914.
440 Saint-Etienne-du-Mont — 1920.
441 Notre-Dame — 1920.

BUSSET (Maurice) — 1911 — né à Clermont-Ferrand. — 3, rue Racine (6e).

442 Scène de marché en Auvergne — IND. 1912.
443 Retour de foire (Auvergne) — 1913.
444 Repas sur le foirail — 1914.
445 Paysans d'Auvergne — IND. 1923.
446 Marchands de poteries à la Chaise-Dieu — 1924.

C

CAILLAUD (Alfred) — 1889 — né à La Rochelle. — 1, rue Cervantès (15e).

447 Montée de cave (les fromages) — IND. 1890.
448 L'office (les gibiers) — IND. 1894.
449 Dahlias rouges — IND. 1911 — Appartient à la Ville de Paris.
450 Fontaine (intérieur de cuisine) — IND. 1914.
451 Pastèques au soleil.
452 Biniou.

CAMOIN (Charles) — 1903 — né à Marseille. — 2 *bis* impasse Girardon (18e).

453 Saltimbanque au repos — 1905 — Appartient à M. R...
454 Au Bois de Boulogne — 1908 — Appartient à M. R. C...
455 Femme couchée — 1908 — Appartient à M. C...
456 Portrait de femme — 1923 — Appartient à M. R...
457 Portrait de femme — 1924 — Appartient à M. L...
458 Marine — 1925.

CARADEK (Mme Lucie) — 1910 — née à Brest. — 6 *bis*, rue Saint-James, à Neuilly-sur-Seine (Seine).

459 Les cerisiers en fleurs — 1906.
460 Champlan — 1908.
461 L'entrée du village — 1908 — Appartient à M. L...
462 Bretonne et son enfant — 1918.
463 Bretonnes — 1923.

CARETTE (Georges) — 1907 — né à Paris. — 6, rue Edouard-Detaille (17e).

464 Mlle M. C... — 1903 — Œuvre prêtée.
465 Soir après l'orage — 1907.
466 La péniche — 1910.
467 Les lavandières — 1910.
468 Hiver à Paris — 1917.
469 Matinée d'hiver, quai du Louvre — 1920.

CARIOT (Gustave-Gaston) — 1902 — né à Paris. — 34, rue de Brie, à Mandres (Seine-et-Oise).

470 Périgny (Vendémiaire) « Poème des Saisons », une pièce — 1903 — Pas à vendre.

471 Périgny (Messidor) « Poème des Saisons », une pièce — 1906 — Pas à vendre.
472 Périgny (jardin, parterre) — 1906 — Pas à vendre.
473 Périgny (tulipier et sophora pleureur) — 1906.
474 Périgny, automne (descente à la rivière l'Yerres — 1911 — Pas à vendre.
475 Paysage vu d'une fenêtre (une pièce d'une série en cours d'exécution) — IND. 1924.

CARNIEL (Richard) — Voir : EXPOSITIONS POSTHUMES.

CARPENTIER (Mlle Marguerite-Jeanne) — 1910 — née à Paris. — 4, rue de la Source (16e).

476 Jeune servante flamande — 1912.
477 Mariniers — 1913.
478 Paysanne poitevine — 1914.
479 Vieille femme cousant — 1916.
480 Tête d'enfant (sculpture, plâtre) — IND. 1923.
481 Torse de femme — IND. 1924.

CARRÉ (Raoul) — 1902 — né à Montmorillon. — 39, rue Victor-Massé (9e).

482 Procession en Poitou — 1902.
483 Fin de marché en Poitou — 1905.
484 Procession en Bretagne — 1914.
485 Vieux pont à Villefranche — 1922.
486 Paysage du Midi — 1922.
487 L'approche de l'orage (Annecy) — 1923.

CASTELLI (Clément) — 1913 — né à Varzo-Ossola (Italie) — Italien. — 4, faubourg du Temple (11e).

488 Paris, Institut de France — 1912.
489 Printemps au Palais-Royal — 1913.
490 Nature morte (légumes) — 1914.
491 Eglise St-Germain-l'Auxerrois (intérieur) — 1923.
492 Eglise St-Vincent-de-Paul, rue Lafayette — 1924.
493 Coucher de soleil (vallée de l'Ossola) — 1925.

CASTELUCHO (Claudio) — 1904 — né à Barcelone (Espagne) — Espagnol. — 84, rue d'Assas (6e).

494 Le masque — 1915.
495 Étude de nu — 1912.

496 Danse espagnole — 1910.
497 Danse arabe — 1912.
498 Une loge — 1914.
499 Nuit de lune — 1915.

CATHOIRE (Paul-Joseph-Canter) — *Voir supplément*.

CATINAT (Maurice) — 1912 — né à Quiers (Loiret). — 5, avenue d'Aligre, à Chatou (Seine-et-Oise).

500 Paysage des Cévennes — 1911.
501 Canal du Loing — 1912.
502 Pommiers en fleurs — 1914.
503 La maison du garde — 1923.
504 Contre-jour — 1924.
505 Le vieux clocher — 1925.

CAVAILLON (Elisée) — 1906 — né à Nîmes. — 14, rue François-Guibert (15e).

506 Paysage — 1910.
507 Femme au chapeau — 1911.
508 Vieux — 1912.
509 Baigneurs — 1920.
510 Nu — 1922.
511 Lutteurs — 1923.

CERIA (Edmond) — 1907 — né à Evian-les-Bains. — 25, avenue du Maine (15e).

512 Eglise Saint-Jean — 1908.
513 Paysage — 1925.

CERNY (Charles) — 1913 — né à Prague — Tchèque. — 59, rue de Rennes (6e).

514 Bouleaux et bruyères (pastel) — 1910.
515 Le Lac Noir — 1912.
516 Eglise des Prémontrés à Prague (aquarelle) — 1912.
517 Vieux parc (tempéra) — 1913 — IND. 1914 — Appartient à Mme X...
518 La Bouzanne en automne — 1924.
519 Paris — 1924.

CEZANNE (Paul) — Voir : EXPOSITIONS POSTHUMES.

CHARAUD (Auguste) — 1906 — né à Nîmes. — Graveson (Bouches-du-Rhône).

520 Jeune garçon — 1909.
521 Faustin le philosophe — 1910.
522 Paysan devant son mas — IND. 1910.
523 Le pavillon dans le bosquet — 1908.
524 Vers la chapelle — 1911.
525 Femmes dans la montagnette (réduction d'un grand panneau) — IND. 1910.

CHAGALL (Marc) — 1911. — 3, allée des Pins, à Boulogne-sur-Seine.

526 Moi et village — 1911.
527 Dédicace... — IND. 1911.
528 Trois quarts d'heure — 1912.
529 Peinture.
530 Peinture.
531 Fleurs — 1925 — Appartient à Mlle L...

CHAPPEE (Julien) — 1904 — né au Mans (Sarthe). — Le Cogner, Le Mans (Sarthe).

532 Portrait de prêtre.
533 Portrait de femme.

CHARCHOUNE (Serge) — 1912 — né à Bougourouslan (Russie) — Russe. — 23, rue Lalande (14e).

534 Cubisme ornemental — 1913.
535 Cubisme ornemental — 1913.
536 Cubisme ornemental — 1914.
537 Cubisme ornemental — 1925.
538 Subtilité blanche — 1925.
539 Subtilité blanche — 1926.

CHARLOT (Louis) — 1904 — né à Cussy-en-Morvan. — 109, rue Cardinet (17e).

540 Paysans attablés — 1913 — Appartient à M. F. M.
540 *bis* Peinture.
541 Nature morte — 1914 — Appartient à M. F. M.
541 *bis* Peinture.
542 Bergère au foulard jaune — 1923 — Appartient à M. F. M.

CHARMY (Mlle Emilie) — 1904. — 54, rue de Bourgogne (7e).

543 Petite fille à l'ombrelle — 1904.
544 Femme dans un intérieur — 1904.
545 Portrait de Mme B... — 1916.
546 Prunes — 1904.
547 Portrait d'enfant — 1905.
548 Chrysanthèmes — 1925.

CHARON (Luc) — Voir : Expositions posthumes.

CHARRETON (Victor) — 1907 — né à Bourgoin (Isère). — 8, boulevard de Clichy (9e).

549 Paysage — 1924 — Appartient à l'auteur.
550 L'automne — 1924 — Appartient à l'auteur.
551 Printemps — 1913 — Appartient à l'auteur.
552 Etude d'automne — 1911.
553 Etude à Crouzel — 1911.

CHAZALVIEL (Albert-Edouard) — 1912 — né à Paris. — 344, rue Saint-Jacques (5e).

554 L'Institut — 1912.
555 La rue Guénégaud — 1912.
556 Nature morte — 1913.
557 Kertugal (paysage) — 1914.
558 Pêcheurs au matin — 1918.
559 Saint-Sylvain (paysage) — 1922.

CHENARD-HUCHE (Georges) — 1905 — né à Nantes. — 61, rue Caulaincourt (18e).

560 Le maquis de Montmartre sous la neige — 1906.
561 Dans le maquis de Montmartre — 1908.
562 Poissons de Méditerranée — 1912.
563 Vignes d'automne (Var) — 1914.
564 Paysan du Var — 1920.
565 Paysage du Var — 1921.

CHEREAU (Claude) — 1911 — né à Paris. — 3, boulev. Suchet (16e).

566 Femme au fauteuil bleu — IND. 1912.
567 La Seine à Bougival — 1914.
568 La marée haute à Sénitz — 1914.

569 Femme au collier de turquoises — IND. 1922.
570 Les régates à Monaco — 1924.
571 La petite église de Guéthary — 1925.

CHERFILS (Jean-Baptiste-Alphonse-Marie-Christian) — 1902 — né à Martigny (Manche). — 41, avenue Kléber (16e).

572 Mimes. (de 1902 à 1914)
573 Offrande. (de 1902 à 1914)
574 Jardin au printemps — Pas à vendre. (de 1902 à 1914)
575 Jeune fille. (de 1902 à 1914)
577 Fleurs et broussailles. (de 1920 à 1925)
576 Montagnes. (de 1920 à 1925)

CHRETIEN (Paul) — 1913 — né à Paris. — 7, rue des Saules (18e).

578 Septembre (Touraine) — 1900.
579 Octobre (Touraine) — 1900.
580 La maison de Mimi-Pinson (vieux Montmartre) — 1910.
581 Le cabaret du Lapin-Agile (neige) (vieux Montmartre — 1912.
582 Rues des Saules et de l'Abreuvoir (neige) (vieux Montmartre) — 1918.
583 Le Moulin de la Galette (neige) (vieux Montmartre — 1923.

CIZALETTI — Voir : GOSSELIN-CIZALETTI.

CLARY-BAROUX (Albert-Adolphe) — 1902 — né à Paris. — 14, boulevard Edgar-Quinet (14e).

584 Quai de la Marine (Ile St-Denis) — IND. 1902 — Appartient à M. Gary-Roche.
585 Canal de l'Ourcq (Pantin) — IND. 1904.
586 Coin du Val-Hermeil, près Pontoise — 1906 — Appartient à la Galerie Dru.
587 Bords de l'Oise (Auvers-sur-Oise) — IND. 1907.
588 Canal du Loing à Montargis — 1918.
589 Chemin de la Digue (La Rochelle) — 1923.

CLAVET (Jean) — 1913 — né à Périgueux. — 92, rue de Montreuil (11e).

590 Etude (tête) — 1910.
591 Etude (tête) — 1912.
592 Etude (tête) — 1912.

593 Etude — IND. 1920.
594 Crise du tabac — IND. 1921.
595 Mendiant (étude) — IND. 1922.

CŒURET (Alfred-Léon) — 1902 — né à Paris. — 72, rue de Clamart, à Châtillon (Seine).

596 Jeune mère — IND. 1911.
597 Jeune mère — IND. 1912.
598 Jeunes femmes — 1912.
599 Jeunes femmes — IND. 1913.
600 Chevaux à la herse — 1924.
601 Jeune femme nue — 1925.

COMINETTI (Giuseppe) — 1911 — né à Salasco (Italie) — Italien. — 1, rue d'Orchampt (18e).

602 Mariage — 1908.
603 Luxure — IND. 1911.
604 Fantaisie sur une danseuse — 1914.
605 Porteuses — 1918.
606 Montmartre — 1921.
607 Naissance de Vénus — 1923.

CONRAD-KICKERT — *Voir supplément.*

COPPENOLLE (Van) — Voir : Expositions posthumes.

CORDEY (Frédéric-Samuel) — Voir : Expositions posthumes.

CORFU (Georges-Félicien) — 1907 — né à Jonchery-sur-Vesles (Marne). — 86, rue Lamarck (18e).

608 Repos (nouveau titre) — IND. 1908.
609 Avril — IND. 1909.
610 L'orage — IND. 1910.
611 L'allée sous bois — 1913.
612 Matin sous bois — 1913.
613 Chemin de terre à Cirey-sur-Vezouze — 1922.

COSYNS (Antoine-François) — *Voir supplément.*

COULON (Henri) — 1902 — né à Paris. 37, rue de Châteaudun (9e).

614 Le moulin de Secoury (Indre) — 1905.
615 La Petite Creuse à Fusselines (Creuse) — 1907.

616 La forêt de Gros-Bois (Bourbon-l'Archambault, (Allier) — 1914.
617 Matinée sur la Vienne (Candes) — 1917.
618 Montrésor (Indre-et-Loire) — 1923.
619 La Creuse aux environs de Saint-Gauthier (Indre) — 1924.

COURCHE (Félix) — 1902 — né à Paris. — 73, rue Louis-Blanc (10e).

620 Bacchante aux fleurs — 1903.
621 Pivoines — 1905.
622 Faune et bacchantes — 1910.
623 Bacchantes poursuivies — 1912.
624 Paysage (baigneuses) — 1914.
625 Paysage (baigneuses) — 1914.

COUSTURIER (Mme Lucie) — Voir : EXPOSITIONS POSTHUMES.

CROSS (Henri-Edmond) — Voir : EXPOSITIONS POSTHUMES.

CROTTI (Jean) — 1907 — né à Bulle. — 5, rue Parmentier, à Neuilly-sur-Seine (Seine).

626 Sorriente. — 1911.
627 Tendresse — 1913.
628 La partie de thé — 1914.
629 La mariée dévissée — 1921.
630 Blue Blues — 1925 — Pas à vendre.
631 Trois êtres — 1925.

CZOBEL (Béla) — 1906 — né à Budapest — Hongrois. — 9, rue Léon-Delhomme (15e).

632 Rue Vavin — 1904 — Pas à vendre.
633 Garçons nus — 1905 — Pas à vendre.
634 Nature morte — 1906 — Appartient à Mme Marval.
635 Paysage — 1921.
636 Le jardinier — 1924.
637 La Wilhelmstrasse — 1925.

D

DANIS (Georges-Jean-Baptiste) — 1911 — né à Bapaume (Pas-de-Calais). — 28, rue de Neuilly, à Rosny-sous-Bois (Seine).

638 Charmeuse — 1912.
639 Au bord de l'eau — 1913.
640 Au crépuscule — IND. 1923.
641 Floréal — IND. 1924.

DANNENBERG (Mlle Alice) — 1904 — née à Riga. — 84, rue d'Assas (6e).

642 Nu d'enfant — 1908.
643 Nature morte (roses) — 1924.
644 Nature morte (verre d'eau) — 1925.
645 Venise — 1910.
646 Au Luxembourg — 1924.
647 Au bord de la mer (Russie) — 1912.

DARBOUR (Mme Margaret-Mary) — 1903 — née à Florence (Italie) — Française. — 8 *bis*, rue Jean-Nicot (7e).

648 Le chapeau gris — IND. 1903.
649 Au piano — IND. 1904.
650 Etude de portrait — 1913.
651 Nu couché — 1922.
652 Etude de nu — 1926.
653 La coquille — 1926.

DAYNES (Victor-Jean) — 1912 — né à Colmar (Haut-Rhin). — Cottage Beaulieu, à Gan (Basses-Pyrénées).

654 Arc de Titus (Foro Romano) — IND. 1912.
655 La Loggia dei Lanzi (Florence) — IND. 1913.
656 Instruction militaire primaire — IND. 1914.
657 Effet de neige, canal St. Martin — IND. 1914.
658 Les communiqués (Grande Guerre 1914-1918) — IND. 1921.
659 Scène de boxe — 1924.

DEBRAUX (René [Charles-Louis]) — 1901. — 12, rue Béquet, à Rueil (Seine-et-Oise).

660 Mignovillard (Jura) — 1902 — IND. 1904.
661 Les Fontarabins à Saint-Cast — 1907 — IND. 1910.
662 Moret-sur-Loing — 1908.
663 Mon atelier en Hollande — 1913.

664 Coin de repos — 1918.
665 La ville norme à Saint-Cast — 1923.

DEDINA (Venceslas-Victor) — 1913 — né en Bohême — Français. — 15, rue Payenne (3e).

666 Bateaux un matin d'hiver — 1913 — IND. 1914.
667 Chalets à Ubines, canton d'Abondance-Vacheresse (Haute-Savoie) — 1910.
668 Cascade sous bois (montagne) (étude) — 1910 — IND. 1914.
669 Cadre contenant un ensemble de dessins rehaussés et fusain.
670 Chargement de sable — IND. 1925.
671 Vitrine contenant : Médailles (plâtres) bijoux, matrices, coupe-papier bronze, presse-papier, cachets — 1913.

DE HERAIN (François) — 1906 — né à Paris. — 35, rue Véron.

672 Malades de l'Hôpital St-Louis — 1906 — Pas à vendre.
673 Le vieux cabot — 1908.
674 Le berger Pailloux — 1909.
675 Deffaud le Borgne — 1910.
676 Breton en prières — 1913.
677 Véranette fait un conte — 1913.

DEKEN (Mme Marthe de) — 1912 — née à Paris. — 2, rue de Harlay (1er).

678 Nu — 1912.
679 Fruits — 1913.
680 Paysage d'Italie — 1913.
681 Paysage d'Italie — 1913.
682 Printemps à Sienne — 1923.
683 Lac de Garde — 1923.

DELANNOY (Aristide) — Voir : Expositions posthumes.

DELAUNAY (Robert) — 1904 — né à Paris. — 19, boulevard Malesherbes (8e).

684 La tour — 1910 — Salle 41 des IND. 1911 — Première manifestation collective d'un art nouveau.
685 Les fenêtres, simultané — IND. 1912 — Peinture pure — Premiers contrastes simultanés.

686 La Ville de Paris — 1910-11-12.
687 L'équipe de Cardiff — 1913.
688 Les premiers disques simultané-forme au grand constructeur Blériot — 1914.
689 Les coureurs — 1925-26.

DELAUNAY-TERK (Mme Sonia) — 1914 — née en Russie — Française. — 19, boulevard Malesherbes (8e).

690 Prismes électriques (boulevard St-Michel) — 1914.
691 Modes simultané — 1922.
692 Femmes, formes, couleurs — 1925.
693 Chanteurs flamenco — 1916.
694 Cadre d'aquarelles : femmes, formes, couleurs; costumes simultané — 1922-25.
695 Vitrine : gilets simultané — 1913; reliures simultané — 1913; manuscrits d'Apollinaire, Cendron, Montjoie; coffre simultané — 1912; tissus simultané — 1925.

DELFOSSE (Louis-Marie-Lucien) — 1905 — né à Bayonne. — « Les Agaves », route de Port-Issol, à Sanary (Var).

696 Le Petit bras du Pont-Neuf — IND. 1910.
697 Le soir à Fin-d'Oise — 1912.
698 Le Passage de Gâvres — 1915.
699 Pêcheurs et sardinières sur la cale de Gâvres — IND. 1914.
700 Pêcheurs sur la cale de Gâvres — 1915.
701 Hortensias bleus — 1917.

DELTOMBE (Paul) — 1902 — né à Catillon (Nord). — 30, rue Lamartine, à Nantes.

702 Maison sous les arbres — 1908.
703 Wargnies-le-Petit — 1908.
704 Nature morte — 1913.
705 Porteuse de fruits — 1914.
706 Nature morte — 1920.
707 Vue de Champtoceaux — 1921.

DENAYER (Félix) — 1910 — né à Ixelles (Belgique) — Belge. — 33, rue du Dragon (6e).

708 Le Moissonneur — S. A. 1912.
709 Paysanne — S. A. 1912.
710 Le quai — 1913.

711 Le moulin — S. A. 1923.
712 Vieux chemin — 1923.
713 Paysage — 1925.

DENIS (Maurice) — 1891 — né à Granville (Manche). — Le Prieuré, à Saint-Germain-en-Laye (Seine-et-Oise).

714 Le matin de Pâques — 1891 — IND. 1892 — Pas à vendre.
715 Matinée de printemps — 1896 — Pas à vendre.
716 Le goûter — 1900 — Pas à vendre.
717 Portrait de famille — 1902 — Pas à vendre.
718 Portrait de Cézanne — 1906 — Pas à vendre.
719 Tobie — 1925 — Appartient à Mme Druet.

DENISSE (Julien-Jean-Baptiste) — 1905 — né à Bordeaux. — « Le Tamisier », route du Cap, à Antibes (Alpes-Maritimes).

720 Bouquet rose, orangé et vert. — Avant-guerre.
721 Fleurs fanées. — Avant-guerre.
722 Roses sur fond rouge. — Avant-guerre.
723 Œillets et roses (automne). — Avant-guerre.
725 Camélias rouges. — Après-guerre.
724 Roses sur fond noir. — Après-guerre.

DENIS-VALVERANE (Louis) — 1904 — né à Manosque (Basses-Alpes). — 10, rue Léon-Delhomme (15e).

726 Volx-en-Provence — 1904 — IND. 1905.
727 Rue de Manosque — 1905 — IND. 1906.
728 Fabre — 1912.
729 Nu — 1914.
730 Portrait — 1925.
731 Au bois — 1925.

DERAIN (André) — *Voir supplément.*

DESHAYES (Frédéric-Léon) — 1911 — né à Paris. — 110 *bis*, rue Marcadet (18e).

732 Cytises — 1913 — Appartient à M. D...
733 Paysage — 1913 — Appartient à M. Chambon.
734 Paysage — 1914 — Appartient à M. Z...
735 Village béarnais — 1925.
736 Torse — 1925.
737 Nature morte — 1925.

DESLIGNERES (André) — 1905 — né à Nevers. — 6, boulevard de Clichy (18e).

738 Oliviers — IND. 1910.
739 Marché — IND. 1911.
740 Nu — IND. 1912.
741 L'Ormaie — IND. 1925.
742 Paysage — 1925.
742 *bis* Les calfats — IND. 1912.

DETRAUX (Mme Yvonne-Marcelle) — 1909 — née à Saint-Aubin-sur-Mer. — 83, rue Notre-Dame-des-Champs (6e) ; atelier : 13, rue Boissonade (14e).

743 La Laïta au Pouldu — 1912.
744 Jardin au matin (aquarelle) — 1912 — IND. 1913 Appartient à M. M. G...
745 L'étang du Quinquis — 1913 — IND. 1914 — Appartient à Mme R. A...
746 Coin d'atelier — IND. 1923.
747 Rochers au Pouldu (gouache) — 1924.
748 Lande à Kéraudouaré (détrempe) — 1925.

DEVILLE (Jean) — 1902. — 15, boulevard Exelmans (16e).

749 Nature morte à l'éventail — 1906.
750 Japonaiseries — 1909.
751 Vue sur Morangle — 1910.
752 Le plateau de Fresnoy — 1910.
753 Le Yucca — 1925.
754 Journée orageuse — 1925.

DEZIRE (Henry) — 1904 — né à Libourne (Gironde). — 10, rue de Perceval (14e).

755 Les laveuses — 1905 — Appartient à M. G...
756 Pastorale — 1906 — Appartient à M. G. H...
757 Retour de fête — 1907.
757 *bis* Paysage — 1916.
757 *ter* Paysage — 1918.

DIGNIMONT (André) — 1911 — né à Paris. — 154, avenue Emile-Zola (15e).

758 Portrait — 1912.
759 Nature morte (aquarelle) — 1913.
760 Paysage (détrempe) — 1914.
761 Dessin rehaussé — 1923.
762 Dessin (nu) — 1924.
763 Dessin (nu) — 1925.

DIRIKS (Edvard) — 1901 — né à Oslo (Norvège) — Norvégien. — 18, rue Boissonade (14e).

764 Intérieur — 1903.
765 Jardin du Luxembourg — 1908 — Appartient à M. Gutzeit.
766 Grez-sur-Loing — 1912.
767 Paysage d'Ile-de-France — 1914.
768 Paysage de Collioure — 1918.
769 Paysage de Drobak (Norvège) — 1924.

DODEL-FAURE (Mme Elisabeth) — 1909 — née à Issoire (Puy-de-Dôme). — La Sauvetat (Puy-de-Dôme).

770 Printemps — 1911 — IND. 1913.
771 Environs de Cannes — 1912.
772 Soleil de mars — 1914.
773 Le Marchidiale à Champeix (P.-de-C.) — 1920.
774 Jardinet fleuri — 1922 — IND. 1923.
775 Vigne-vierge (automne) — 1924.

DOLLEY (Pierre) — 1905 — né à Pauillac. — 27, quai Bourbon (4e).

776 Le jardin — 1912.
777 Les chaumières — 1912.
778 Nature morte — 1913.
779 Nature morte — 1914.
780 Le port — 1919.
781 Paysage — 1923.

DORIGNAC (Georges) — Voir : EXPOSITIONS POSTHUMES.

DOUCET (Henri) — Voir : EXPOSITIONS POSTHUMES.

DOUROUZE (Daniel) — Voir : EXPOSITIONS POSTHUMES.

DROUART (Raphaël-Maurice) — 1907 — né à Choisy-le-Roi. — 5, rue François-Guibert (15e).

782 Paysage (givre) — 1908.
783 Nu — 1909.
784 Rotterdam — 1911.
785 Rotterdam — 1911.
786 Piana (Corse) — 1914.
787 Cortège — 1924.

DUBOIS-PILLET (Albert) — Voir : EXPOSITIONS POSTHUMES.

DUCHAMP-VILLON (Raymond) — Voir : EXPOSITIONS POSTHUMES.

DUCHEMIN-ILLAIRE (Mme Mathilde) — 1911 — née à Lyon. — 27, quai de la Tournelle (5e).

788 Etude d'enfant — IND. 1911.
789 Croquis d'Alain — IND. 1913 — Pas à vendre.
790 Croquis d'enfant — 1913.
791 Frise pour chambre d'enfant — 1918.
792 Portrait de mon fils — 1924 Pas à vendre.
793 Sylvain et Sylvie (pastel) — 1925 — Appartient à Mme V...

DUFRENOY (Léon-Georges) — 1891 — né à Thiais (Seine). — 37, rue Maurepas, à Thiais (Seine).

794 Coin de banlieue — 1895 — IND. 1896 — Appartient au peintre B...
795 Toits à Lyon — 1900 — IND. 1902.
796 Coin du vieux Paris — 1904 — IND. 1905.
797 Coin du vieux Paris — 1905 — IND. 1907 — Appartient à M. J...
798 Nature morte — 1904 — IND. 1905.
799 Marine — 1914 — Appartient à M. D...

DUFY (Raoul) — 1903 — né au Havre. — 5, impasse de Guelma (18e).

800 La rue pavoisée — 1906.
801 La plage à Trouville — 1906.
802 L'Avenue du Bois — 1922.
803 La mer — 1923.
804 Portrait — 1908.
805 Paysage — 1908.

DUJARDIN-BAUMETZ (Mlle Rose) — 1908 — née à Paris. — 12 *bis*, rue Pergolèse (16e).

806 Une cale à Roscoff — 1906.
807 Grande marée — 1910 — IND. 1914.
808 Le port des Sables-d'Olonne — 1911.
809 Le village de Villelongue — 1913.
810 Nu en plein air — 1916.
811 Paysage de l'Aude — 1925.

DULAC (Charles) — Voir : EXPOSITIONS POSTHUMES.

DULAC (Guillaume) — 1905 — né à Fumel. — 26, rue Pigalle (9e).

812 Le vieux Puy-l'Evêque — IND. 1907 — Appartient à M. Urbin.
813 Maison en Gascogne — IND. 1908 — Appartient à l'auteur.
814 Figuier à Cassis — 1913 — Appartient à Mme Félix Roux.
815 Le port de Cassis — 1916 — Appartient à M. R. Mondain.
816 Nature morte — 1921 — Appartient à M. le Dr Parvu.
817 Femme assise — 1925.

DUMONT (Pierre-Jean) — 1907 — né à Paris. — 86, boulevard des Batignolles (17e).

818 L'avenue Junot (neige) — 1914.
819 Nature morte (fleurs et pots) — 1912.
820 Nature morte — 1914.
821 La Tour St-Maclou — 1925.
822 La neige — 1926.
823 Nature morte — 1914.

DUPONT (Victor) — 1903 — né à Boulogne-sur-Mer. — 2. passage de Dantzig (15e).

830 Femme au corsage rouge — 1900.
831 Enfant endormi — 1903.
832 Maternité — 1910.
833 Baigneuses — 1912.
834 Pastorale — 1922.
835 Christ en croix — 1923.

DUREY (René) — *Voir supplément.*

EF

EBERL (F. Z.) — 1913 — né à Prague — Tchèque. — 4, rue Camille-Tahan (18e).

836 Nu couché — 1913 — Prêté.
837 Peintre et son modèle — 1925.

ECREMENT (Odon-Louis) — 1906 — né à Paris. — Villa de l'Yvette, avenue de la Gare, à Gif (Seine-et-Oise).

838 Bouquet des bois — 1906.
839 Paysage en Haute-Saône — 1908.
840 La Pointe des Pois (Camaret) — 1910.
841 L'église de Morangis — 1912.
842 Le quai aux fleurs — 1913.
843 Tulipes — 1920.

EGGIMANN (Jules-Pierre) — 1908 — né à Alais (Gard). — 19, rue Mouton-Duvernet (14e).

844 Midi — IND. 1910.
845 Corrida (esquisse) — 1912.
846 Intérieur — 1914 — Appartient à l'auteur.
847 Etude — 1919.
848 Paysage — 1921.
849 Marocain — 1925 — Appartient au Dr C...

EKEGARDH — 1909 — né à Christianstad (Suède) — Suédois. — 85, rue Lafontaine (16e).

850 Fleurs — 1913 — Appartient à Mme O. Sainsère.
851 Marine — 1912 — Appartient à Mme Ghy-Lemm.
852 Paysage — 1913 — Appartient à Mme Ljunggren.
853 Paysage — 1918 — Appartient à M. Bradford.
854 Intérieur — 1926.
855 Nus — 1926.

ENGEL-GARRY (José-Louis) — 1890 — né à Joinville-le-Pont (Seine). 105, rue Ménilmontant (20e).

856 Le pigeonnier du Manoir Ango — IND. 1890.
857 Les bords de la Scie (Seine-Inf.) — IND. 1890.
858 Le retour de l'école — IND. 1891.
859 La mère Bon-Dieu — IND. 1892.
860 Tête d'étude — IND. 1893.
861 Tête d'étude — IND. 1893.

ESPAGNAT (Georges d') — 1892 — né à Melun (Seine-et-Marne). — 58, avenue de Clichy (18e).

862 Portrait d'homme — IND. 1892 — Appartient à l'auteur.
863 Méditerranée — IND. 1904.
864 Nature morte — 1905.
865 Paul Valéry en 1913 — 1913 — Appartient à l'au-
866 Nu de dos — 1923.

EWALD (Paul-Albert) — 1910 — né à Paris. — 4, rue Edmond-Valentin (7e).

867 Le coffret rouge — 1913.
868 Repos au bord de l'étang — 1913.
869 N'Barka — 1914 — Appartient à M. E...
870 Arabe — 1914.
871 L'étang des Eouvines — 1920.
872 Sidi Bou-Saïd — 1921.

FAUCONNET (Guy-Pierre) — Voir : Expositions posthumes.

FAVORY (André) — 1907 — né à Paris. — 4, villa des Camélias (14e).

873 Effet de neige — IND. 1907.
874 Nu — IND. 1913.
875 Sous la tonnelle — IND. 1914.
876 Baigneuses — IND. 1919.
877 Baigneuses — IND. 1924 — Pas à vendre.
878 Portrait de Mme A. F... — IND. 1925 — Pas à vendre.

FEDER (Adolphe) — 1912 — né à Odessa (Russie) — Russe. — 18, rue du Moulin-de-Beurre (14e).

879 Portrait — 1913.
880 Nature morte — 1914.
881 Bretonne — 1914.
882 Ouvrier — 1922.
883 Composition — 1924.
884 Femme arabe — 1925.

FER (Edouard) — 1911 — né à Nice. — villa la Cigale, avenue Pierre-Navello, Mont-Boron, à Nice.

885 Saint-Cyr-de-Provence — 1909.
886 Chalands à quai, Paris — 1909.

887 Pin au soleil couchant — 1910.
888 Eglise suisse (effet de brouillard) — 1920.
889 La pastèque (étude pour la décoration de la Bibliothèque Municipale de Nice) — 1924.
890 La maison dans le paysage — 1925.

FERAT (Serge) — 1905 — né à Moscou — Russe. — 67 *bis,* boulevard Saint-Jacques (14ᵉ).

891 Tableau — 1908 — Prêté.
892 Tableau — 1910.
893 Tableau — 1913.
894 Tableau — 1918.
895 Tableau — 1924.
896 Tableau — 1926.

FERNAND-TROCHAIN (Jean) — 1909 — né à Rueil (Seine-et-Oise). — 4, rue Camille-Tahan (18ᵉ).

897 Port de Marseille — 1913.
898 Sous les oliviers — 1914.
899 Brume matinale (Bretagne) — 1914.
900 Les chênes (Bretagne) — 1921.
901 Neige (Auvergne) — 1922.
902 Neige (Vexin) — 1925.

FERON (Julien-Hippolyte) — 1909 — né à Saint-Jean-du-Cardonnay. — 21, avenue du Parc-de-Montsouris (14ᵉ).

903 Route au soleil — 1910.
904 Neige (Normandie) — 1912.
905 Pommiers en fleurs — 1913 — Appartient à M. Delahalle, architecte.
906 Moulin de la Folie (Crozant) — 1916.
907 Environs de Grenoble — 1922.
908 Environs de Paris — 1925.

FLANDRIN (Jules) — 1905 — né à Corenc (Isère). — 19, quai Saint-Michel (5ᵉ).

909 Masaccio — 1909.
910 Pastorale — 1912 — Appartient à MM. M. et A. Leblond.
911 Notre-Dame de Casalibus (Grande Chartreuse) — 1913.
912 Fleurs d'Italie — 1921.

913 Portrait de l'artiste — 1922.
914 Les Alpes dauphinoises (matin d'automne) — 1924.

FORNEROD (Rodolphe) — 1905 — né à Lausanne (Suisse) — Suisse. — 40, avenue Junot (18e).

915 Femme en vert — IND. 1906.
916 Silhouette montmartroise — 1907.
917 Jeune homme à la pipe — IND. 1908.
918 Portrait de jeune homme — 1910.
919 Femme au chapeau jaune — IND. 1923.
920 Françoise — IND. 1924.

FOTINSKY (Serge) — 1912 — né à Odessa (Russie) — Russe. — 4, rue Huyghens (14e).

921 Panneau décoratif — 1912.
922 Paysage — 1914.
923 Portrait de Mme P. I... — 1916.
924 Les voiles — 1921.
925 Nature morte — 1924.

FOUCAULT (Georges) — 1910 — né à Montereau (Seine-et-Marne). — 22 *bis*, avenue Carnot, à Villeneuve-Saint-Georges (Seine-et-Oise).

927 Soucis — 1911.
928 La maison à M. Soulat, à Clais — 1913.
929 Le chemin du moulin, à Clais (Seine-Inf.) — 1914.
930 Nature morte aux saurets — 1920.
931 La corbeille de pommes — 1924.
932 Nature morte — 1925.

FOURNIER (Georges) — 1903 — né à Paris. — 32 *bis*, rue Falguière (15e).

933 Place Saint-Sulpice — 1894.
934 Canal de la Villette (neige) — 1894.
935 Place du Châtelet (hiver) — 1895.
936 Gare des Chantiers à Versailles (neige) (pastel) — 1898.
937 L'accident (pont des Saints-Pères) (pastel) — 1898.
938 La Meuse à Dordrecht (pastel) — 1897.

FRANC (Pierre) — 1909 — né à Fontenay-aux-Roses (Seine). — 24, rue Fabert (7e).

939 Bruyères en fleurs (vallée de Chevreuse) — 1900 — Appartient à M. de C...

940 Rhododendron (étude) — 1902 — Appartient à Mme D...
941 Roses trémières — 1904 — Appartient à M. D. M.
942 Roses blanches et roses — 1906 — Appartient à Mme de H...
943 Roses (vase rouge et bleu) — 1922.
944 Roses — 1924.

FRANCILLON (René) — 1910 — né à Lausanne (Suisse) — Suisse. 41, boulevard Saint-Jacques (14e).

945 Le Léman — 1912.
946 Nature morte — 1913.
947 La fenêtre ouverte — 1914.
948 Nature morte — IND. 1923.
949 Oliviers — 1924.
950 Paysage — 1925.

FRAYE (André) — 1912 — né à Nantes. — 19, rue Poncelet (17e).

951 Le quai, Douarnenez — 1909 — Appartient à l'auteur.
952 Nature morte — 1914 — Appartient à l'auteur.
953 Steamers pavoisés — 1919.
954 Plage — 1921.
955 Torpédo grise — 1924.

FRENKEL-MANUSSON (Rose) — 1907 — née à Moscou — Russe. — 51, rue d'Assas (17e).

957 Têtes d'hommes — 1913.
958 Panneau avec différentes gravures — 1925 :
1. La rue en province.
2. Tête de vieillard.
3. La voiture en attente.
4. Le jardin public.
5. Le marché.
6. Le concert.

FRIESZ (Othon) — 1903 — né au Havre. — 73, rue Notre-Dame-des-Champs (6e).

959 Maisons à Falaise — 1895 — Appartient à l'auteur.
960 L'Automne — 1907 — Appartient à M. Léon Pedron.
961 Coïmbra — 1911 — Appartient à M. P...
962 Femme à la jarre — 1921 — Appartient au Dr Sabouraud.
963 Nu — 1922 — Appartient au Dr Sabouraud.
964 Paysage à Toulon — 1925.

G

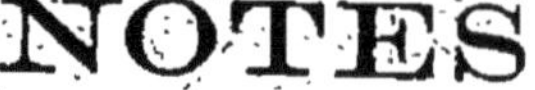

GABORIAUD (Josué) — 1909. — 12, quai de Rive-Neuve, à Marseille (B.-du-R.).

965 Cathédrale de Chartres — 1911.
966 Fleurs et guéridon — 1911.
967 La Seine à Poissy — 1912.
968 Vase de fleurs — 1912.
969 Fleurs et Amour — 1912.
970 Oursins — 1925.

GABRIEL BELOT — 1910 — né à Paris. — 172, rue de Vanves (14e).

971 Les maisons à Faverolles (Loiret) — IND. 1911 — Appartient à M. B...
972 La Sioule (Allier) — IND. 1913 — Appartient à M. Paix.
973 Saint-Julien-le-Pauvre — IND. 1914.
974 Rue du Parc-Montsouris (après la pluie) — 1918.
975 L'arc-en-ciel en l'Ile Saint-Louis — 1920.
976 Poires et pot — 1921 — Appartient à Mme L. B...

GABRIEL-ROUSSEAU — 1903 — né à Lyon. — 1, r. Erlanger (16e).

977 Paris (la Seine au pont des Saint-Pères — IND. 1903.
978 Paris (les Halles au petit jour) — IND. 1905.
979 Paris (vu des toits du Louvre) — IND. 1906.
980 Paris (illuminations au Grand Palais) — IND. 1906.
981 Port de Boulogne (temps gris).

GALANIS (Démétrius) — 1913 — né à Athènes (Grèce) — Français. — 12, rue Cortot (18e).

982 La table — 1912 — IND. 1913.
983 La lampe — IND. 1913.
984 Nature morte — 1914.
985 Portrait d'enfant — 1914 — S. A. 1919 — Appartient à M. Seignitz.
986 Paysage — 1919 — IND. 1920 — Appartient à M. X...
987 Nu — 1920.

GALEANI (Jean) — 1909 — né à Montpellier. — 74, rue de Turenne (3e).

988 Les inoubliables disparus — 1920.
989 L'Avenir — 1926.

990 La Victoire-Défaite — 1919.
991 Las Saint-Trinité — 1911.
992 La grande lessive des Nations — 1912.
993 L'Autorité — 1913.

GALTIER-BOISSIERE (Mme Louise) — 1905 — née à Paris. — 29, rue Vaneau (7e).

994 Pivoines blanches — 1912.
995 Dahlias blancs — 1910.
996 Roses de Noël et coucous — 1911.
997 Le drapeau — 1914 — Appartient à X.
998 Soucis devant l'image — 1914.
999 Les zinnias — 1924.

GANUCHAUD (Paul) — 1907 — né à Paris. — 14, rue François-Guibert (15e).

1000 L'attente (plâtre — IND. 1910.
1001 Retour de pêche (plâtre) — IND. 1910.
1002 Une vitrine renfermant :
1. Maternité (étain) — IND. 1908.
2. Eclosion (étain) — IND. 1912.
3. Fécondité (étain) — 1912.
4. Absolution (bronze à cire perdue) — IND. 1912.
5. Petit buste à la coiffe (plâtre) — IND. 1913.
6. La Peur (bronze) — 1914 — Edité par la « Maitrise » des Galeries Lafayette.

1003 Le tribun enchainé (étain) — 1916.
1004 Une vitrine renfermant :
Sérénité (plâtre).

GARDINER (Mlle Anna M.) — 1906 — née en Angleterre — Anglaise. — 8 *bis*, rue Campagne-Première (14e).

1006 Le Retour (paysage avec chèvres) — 1906.
1007 Beauvais (Oise) — IND. 1907.
1008 Intérieur de cathédrale (Oxford) — IND. 1913.
1009 Intérieur — IND. 1924.
1010 Intérieur — IND. 1921.
1011 Montigny-sur-Loing — IND. 1921.

GARNOT (André-Sainte-Fare) — 1905 — né à Paris. — 23, boulevard Gouvion-Saint-Cyr (17e).

1012 Un soir (Italie) — 1910.
1013 Au music-hall — 1912.

1014 Le Saint-Pierre-Gros-Sel — 1914.
1015 Effet de pluie — 1920.
1016 Au théâtre — 1923.
1017 L'enfant — 1925.

GATIER (Pierre-Louis-Antoine) — 1903 — né à Toulon. — Chez M. Marcel Quiot, 4, rue Volney (2e).

1018 Au Jardin des Supplices — IND. 1903.
1019 Portrait à Versailles — IND. 1903.
1020 Navire de guerre — 1913.
1021 Les deux cyprès — 1924.
1022 Sentier forestier (effet de neige) — 1925.
1023 La Garonne (rade de Toulon) — 1925.

GAULET (Henry) — 1902 — né à Paris. — 84, Chaussée de l'Etang, Saint-Mandé (Seine).

1024 Rue des Laitières (Vincennes) — 1904 — Appartient à M. P. Allard — Pas à vendre.
1025 Sentier dans la montagne — 1909.
1026 Nature morte (les sabots) — 1911.
1027 Nature morte (feuilles de chêne) — 1913 — Appartient à M. Allard.
1028 Les oliviers — 1920 — Appartient à M. et Mme Audry.
1029 Cascade (Corse) — 1925.

GAVET (Gaston-Auguste) — 1912 — né à Laperrière (Côte-d'Or). — 100, rue du Théâtre (15e).

1030 Pyrénées (sous-bois) — 1910.
1031 Chrysanthèmes — IND. 1913.
1032 Oliviers au Cap Martin — 1914.
1033 Royan : les rochers de Vallières — 1921.
1034 Annecy : le passage de la Cathédrale — IND. 1923.
1035 La carrière — IND. 1925.

GERBER (Pierre) — 1913 — né à Paris. — 2, rue de Ponthieu (8e).

1036 Portrait — 1914 — Réservé.
1037 La porte — 1914.
1038 Figure debout — 1926.

GHEON (Henri) — 1907 — né à Bray-sur-Seine. — Orsay (Seine-et-Oise).

1039 Pommes rouges dans la paille — 1907.
1040 Intérieur — 1908.
1041 Sous les ponts — 1919.
1042 Dames au jardin — 1919.

GIRAN-MAX (Léon) — 1890 — né à Paris. — 6, rue Coustou (18e).

1043 Le père Julien — IND. 1892.
1044 Paysage à Pontoise — 1895 — Appartient à M. Paul Baignères.
1045 Les coquelicots — 1904 — Appartient à M. E. N...
1046 Les cerises — 1905 — Appartient à M. Louis Teinturier.
1047 Montmajour — 1913.
1048 Eve — IND. 1917.

GIRIEUD (Pierre) — 1902. — 40, rue Lauriston (16e).

1049 Nature morte à l'image populaire — 1905 — Appartient à M. G. D...
1050 Nature morte au vitrail — 1905 — Appartient à M. G. D...
1051 Sapho — 1912 — Appartient à M. A. L...
1052 Provence — 1920 — Appartient à M. A. L...
1053 Lourmarin — 1923 — Appartient à M. A. L...
1054 Tourves, l'obélisque — 1924 — Appartient à M. G. D...

GLEIZES (Albert) — 1909 — né à Paris. — 15, boulev. Lannes (16e).

1055 Paysage — 1901.
1056 Paysage (description, unité, perspective, volume — 1910 — IND. 1911.
1057 Les baigneuses (description, perspective, multiplicité des points perspectifs — 1911 et 1912 — IND. 1912.
1058 Le dépiquage (description, perspective, multiplicité des points perspectifs) — 1912.
1059 Peinture (espace rythmé selon le plan) — 1920 — Pour la gare de M...
1060 Esquisse à sept éléments (fait plastique, espace rythmé selon la nature plane) — 1925.

GOBILLARD (Mlle Paule) — 1901 — née à Quimperlé. — 40, rue de Villejust (16e).

1061 Au verger — 1904 — Appartient à l'auteur.
1062 Le bouquet — 1907 — Appartient à l'auteur.
1063 Le jupon vert — 1909.
1064 Le rosier — 1910.
1065 Roses — 1923.
1066 Anémones du Japon — 1925.

GOGH (Vincent-Van) — Voir : EXPOSITIONS POSTHUMES.

GOICHOT (Mme Louise) — 1912 — née à Paris. — 30, rue Caulaincourt (18e).

1067 Etude — 1912.
1068 Géraniums — 1913.
1069 La fête de Madame — 1914.
1070 Thé au jardin — 1921.
1071 Roses — 1920.
1072 Goûter au jardin — 1924.

GONDOUIN (Emmanuel) — 1911 — né à Versailles. — 150, avenue Emile-Zola (15e).

1073 Paysage (le soir) — 1912.
1074 Grappe de raisin — 1913.
1075 Paysage d'été — 1915.
1076 « Mirbeau » — 1919.

GONZALEZ (Jean) — Voir : EXPOSITIONS POSTHUMES.

GONZALES (Jules) — 1906 — né à Barcelone (Espagne) — Espagnol. — 40, rue Friant (14e).

1077 Peinture — 1908.
1078 Bronze repoussé — 1913.
1079 Bronze repoussé — 1913.
1080 Peinture — 1925.
1081 Peinture — 1925.
1082 Peinture — 1925.

GOODSIR (Agnes Noyes) — 1912 — née en Australie — Anglaise. — 18, rue de l'Odéon (6e).

1083 Neurasthénie — 1911.
1084 Arc de Triomphe — 1912.

1085 Anémones — 1913.
1086 Femme en peignoir — 1922.
1087 Le salon — 1924.
1088 Femme en chemise — 1924.

GOSSELIN-CIZALETTI (Mme Emilie) — 1906 — née à Paris. — 18, rue Tronchet (8e).

1089 Paravent cuivre repoussé — 1910.
1090 Bois sculpté (tête Christ) — 1923.
1091 Bois sculpté (tête enfant) — 1924.
1092 Une vitrine contenant :

1. Croix de guerre argent. — 2. Bracelet oiseaux argent. — 3. Bracelet serpents. — 4. Bracelet gargouille. — 5. Bracelet mérovingien. — 5. Bracelet mérovingien. — 6. Broche rose et feuilles. — 7. Broche chrysanthèmes. — 8. Broche rose. — 9. Grand bracelet serpent. — 10. Plaque de bras paon. — 11. Bracelet émail violettes. — 12. Collier doré topazes. — 13. Collier doré topazes. — 14. Boucles d'oreilles égyptiennes rubis reconstitués. 15. Boucles égyptiennes. — 16. Bague serpent. — 17. Bague tête. — 18. Couverture livre bois sculpté.

GOTTLIEB (Léopold) — 1909 — né à Drohobycz (Pologne) — Polonais. — 40, rue Denfert-Rochereau (14e).

1093 Portrait de M. D... — 1913.
1094 Portrait de Mme B... — 1912.
1095 Portrait du sculpteur L... — 1910.
1096 Composition — 1918.
1097 Composition — 1915.
1098 Portrait de Mme Ch. Orloff — 1926.

GOUEY (Mlle Henriette) — 1910 — née à Paris. — 20, avenue de la Reine, à Boulogne-sur-Seine (Seine).

1099 Prunes violettes — 1912.
1100 Retour de marché — 1913.
1101 Oranges — 1914.
1102 Soucis — 1922.
1103 Dahlias (un vase) — 1924.
1104 Dahlias (deux vases) — 1925.

GOUMOIS (William de) — 1905 — né à Bâle (Suisse) — Suisse. — Richen, près Bâle.

1105 Mer calme — 1910.
1106 Journée de Tramontane — 1925.

GOURJON-BOUIS (Ch.-Amédée) — 1907 — né à Marseille. — 21, rue Marbeau (16e).

1107 Neige en forêt (Touraine) — 1904 — Appartient à l'auteur.
1108 Ermitage de Saint-François — IND. 1907 — Appartient à l'auteur.
1109 Venise (Rio San Paolo) — IND. 1908 — Appartient à l'auteur.
1110 Venise (Palais Ducal) — 1908.
1111 Route d'Hiver (I.-L.) — IND. 1909.
1112 Soir d'orage — 1926.

GRALLAN (Henri) — Voir : EXPOSITIONS POSTHUMES.

GRASSET (Albert) — 1910 — né à Rambouillet (S.-et-O.). — 17, rue Desfossez, à Saint-Cloud (Seine-et-Oise).

1113 Les chaumines (soir) — 1911 — IND. 1912.
1114 Orcemont (été) — 1914.
1115 Greffiers (la mare) — 1916.
1116 Automne (fleurs) — 1920 — IND. 1924.
1117 Orcemont, après la pluie — 1924 — IND. 1925.
1118 Automne (soir) — 1925.

GROMAIRE (Marcel) — 1910 — né à Noyelles-sur-Sambre (Nord). — 30, rue Delambre (14e).

1119 Les brasseurs — 1914 — Appartient à l'auteur.
1120 Le marché de Wazemmes — 1914 — Collection particulière.
1121 La Martiniquaise — 1921 — Collect. particulière.
1122 Mme J. H... — 1925 — Collection particulière.

GUELDRY (Charles-Albert) — 1910 — né à Amiens (Somme). — 10, rue François-Guibert (15e).

1123 Bords de Seine — 1914.
1124 Amour maternel (pastel) — 1914.
1125 Fillette en rose (pastel) — 1914.
1126 Balançoires (aquarelle) — 1925.

1127 «Le Fouet » à la fête (aquarelle) — 1925.
1128 Balançoires (sépia) — 1925.

GUERIN (Charles) — *Voir supplément.*

GUIET (Jean) — Voir : EXPOSITIONS POSTHUMES.

GUILLAUMET (Yvonne) — 1907 — née à Paris. — 47, rue de Passy (16e).

1129 Marguerite — 1910.
1130 Repos — 1912.
1131 Versailles (Parterre du Nord) — 1912.
1132 La chemise sur la tête — 1913.
1133 Vendanges — 1923.
1134 Brantôme (vieilles maisons sur le quai) — 1923.

GUILLAUMIN (Armand) — 1884 — né à Paris. — 37, avenue de Friedland (8e).

1135 Pont Gibaud — 1895.
1136 Le rocher rouge, Agay (Var) — 1916.
1137 Crozant, le matin (septembre) — 1921.
1138 Les voleurs de charbon — 1882 — Appartient à René Keller.
1139 Nature morte — 1897 — Appart. à René Keller.
1140 Les bords de la Creuse — 1910. — Appartient à René Keller

GUILLOUX (Charles) — 1891 — né à Paris. — 26, rue la Cour-des-Noues (20e).

1141 Funérailles héroïques — IND. 1892.
1142 Allée d'eau — 1900.
1143 Crépuscule — 1910.
1144 La Frette — 1912.
1145 Notre-Dame — 1914.
1146 Vernon — 1924.

GUINNESS (Mme Mary) — 1911 — née à Tibradden Dublin — Irlandaise. — Raspail-Hôtel, 203, boulevard Raspail (14e).

1147 Nature morte — 1914.
1148 Procession à Jocelyn — 1925.

GUSTAVE-PIMIENTA — 1907 — né à Paris. — Galeries Georges Petit, 8, rue de Sèze (8e).

1149 L'homme à l'oreille fendue (plâtre) — 1906.
1150 Tête d'après l'auteur (bronze) — 1906 — Appartient au Dr M...
1151 Femme assise (esquisse bronze) — 1907 — Appartient au Dr B...
1152 L'abbé C..., aumônier militaire (plâtre) — 1916.
1153 Ernesta (tête cire originale) — 1923.
1154 Etude d'après l'auteur (bronze) — 1925.

NOTES

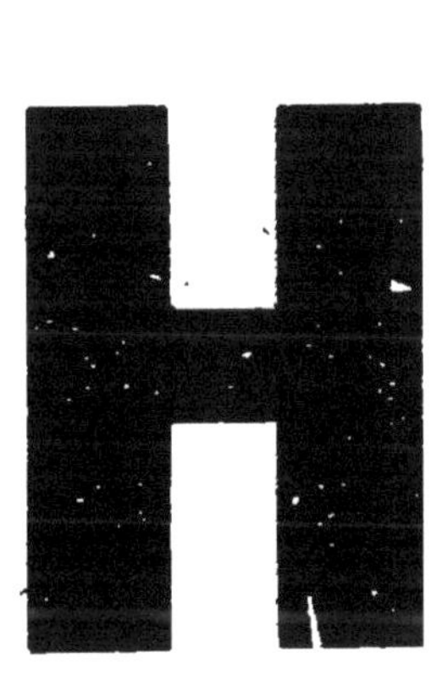

VISITEZ

du 1 au 15 Mars 1926

GALERIES GEORGES PETIT

8, Rue de Sèze, 8

l'Exposition des Œuvres de

HENRI HOURTA

(Peintures, Aquarelles et Gouaches)

Paysages, Jardins

Souks Maugrabins

HAAS (Lisette) — 1914 — née à Paris. — 12 *bis*, rue Pergolèse (16e).

1155 Paysage — 1914.
1156 Paysage — 1914.
1157 Paysage — 1914.
1158 Paysage — 1919.
1159 Paysage — 1924.
1160 Paysage — 1925.

HALOU (Alfred-Jean) — 1905 — né à Blois (Loir-et-Cher). — 15, rue Jacquemont (17e).

1161 Aphrodite à genoux (statuette bronze) — IND. 1906.
1162 Eve, première femme (plâtre) — IND. 1907.
1163 Tête de paysanne orléanaise (bronze) — IND. 1905.
1164 Baigneuse (marbre) — IND. 1924.
1165 Salut de l'athlète (bronze cire perdue) — 1923.
1166 Danseuse (bronze cire perdue reprise par l'auteur) — 1925 — Pas à vendre.

HANAU (Jean) — 1913 — né à Paris. — 38, boulevard St-Michel (6e).

1167 Saint-Nectaire (église) — 1912 — (Appartient à Mme H...
1168 Portrait d'enfant — 1913 — Appartient à Mme L...
1169 Etude — 1914 — Appartient à M. J...
1170 Soucis et marguerites — 1925.
1171 Mon portrait — 1926 — Appartient à Mme H...
1172 Fleurs dans un pot d'étain — 1926.

HANRIOT (Jules-Armand) — 1901 — né à Arpajon (Seine-et-Oise). — 16, rue Choron (9e).

1173 Paysage d'automne (environs d'Arpajon) — IND. 1902.
1174 Dominatrice — IND. 1907.
1175 Surprise — IND. 1911.
1176 La dame au petit chien — IND. 1912.
1177 La vague — IND. 1913.
1178 L'initiatrice (esquisse) — IND. 1924.

HASSELT (Willem Van) — 1909 — né à Rotterdam (Hollande) — Hollandais. — 1, rue Gaillard (9e).

1179 Le lapin noir — IND. 1912.
1180 Paysage — IND. 1914.
1181 Portrait — 1914.

1182 Trois portraits — IND. 1923.
1183 Paysage — 1925.
1184 Portraits — 1925.

HAYDEN (Henri) — *Voir supplément.*

HENRI-MATISSE — né au Cateau-Cambrésis (Nord). — 19, quai Saint-Michel (6e).

1185 Le luxe — 1909.
1186 L'atelier — 1911.
1187 Portrait — 1913.
1188 Portrait peintre et modèle — 1913.
1189 Notre-Dame — 1896.
1190 Portrait — 1910.

HERMANN-PAUL — 1892 — né à Paris. — Tour de Villebon, à Meudon (Seine-et-Oise).

1191 Cézanne — 1905.
1192 J. Gasquet — 1905.
1193 A genoux sur le lit — 1910.
1194 Au théâtre — 1925.

HESSE (Mme Alice) — 1905 — née à Paris. — 5, rue Saint-Louis, Villemonble (Seine).

1195 Chrysanthèmes — 1905.
1196 Jonquilles — 1907.
1197 Venise (le matin) — 1914.
1198 Venise (le soir) — 1915.
1199 Zinnias — 1920.
1200 Vu d'une fenêtre à Marseille — 1924.

HEUZE (Edmond) — 1912 — né à Paris. — 38, rue Ramey (18e).

1201 Portrait de M. Heuzé père — 1909. — Pas à vendre.
1202 Grand'mère — 1912 — Pas à vendre.
1203 Masque — 1915 — Pas à vendre.
1204 Portrait de M. Heuzé père — 1920 — Pas à vendre.
1205 Peinture — 1923 — Pas à vendre.
1206 Panneau pour le cirque Médrano (Porto, Mariano, Canadas) — 1925 — Pas à vendre.

HEWITT (Mme Helen) — 1913 — née en Angleterre — Anglaise. — 52, boulevard Montparnasse (15e).

1207 Nature morte — 1912.
1208 Portrait — IND. 1914 — Appartient à l'auteur.
1209 Etude — 1914.
1210 Les maisons — IND. 1920.
1211 Nature morte — IND. 1922.
1212 Le balcon — IND. 1923.

HOFER (André) — 1912 — né à Autun (S.-et-L.) — Suisse. — 12, cité Riverin (10e).

1213 Gravure sur pierre — IND. 1913.
1214 Rocroi — IND. 1914.
1215 L'archer — 1914.
1216 Baigneuses — 1920.
1627 La galvaudeuse — 1925.
1218 Mlle Rose Borjet — 1925.

HOUEL (Jean-Baptiste) — 1912 — né à Condé-sur-Noireau (Calvados). — 4, faubourg du Temple (11e).

1219 Kairouan — 1912.
1220 Etude — 1913 — Appartient à M. Wilkin.
1221 Etude (l'homme) — 1914.
1222 Etude — 1920.
1223 Etude — 1921.
1224 Etude — 1925.

HOURTAL (Henri) — 1904 — né à Carcassonne. — 1, rue de Bourbon-le-Château (6e).

1225 Marchande ambulante — 1905.
1226 Coin de rue (Paris) — IND. 1910.
1227 Fête foraine — IND. 1911.
1228 Jardin — IND. 1911.
1229 La rivière en automne — 1925.
1230 L'Anglin à Dousse — 1925.

HOUTEN (Georges) — 1910 — né à Anvers (Belgique) — Belge. — 19, boulevard Berthier (17e).

1231 Portrait de M. de Fouquière — 1921 — Appartient à M. de Fouquière.
1232 Nu — 1925.
1233 Arlequin — 1914 — Appartient à M. V...

1234 Fie-Foe — 1913.
1235 Le nègre — 1913.
1236 Le pont — 1913.

HUGARD (Salvador) — 1909 — né à Paris. — 52, rue de La Condamine (17e).

1237 En famille (effet de soir) — 1912.
1238 Dentellières — 1915.
1239 La femme au bracelet (ovale) — 1913.
1240 La femme aux roses (ovale) — 1913.

I

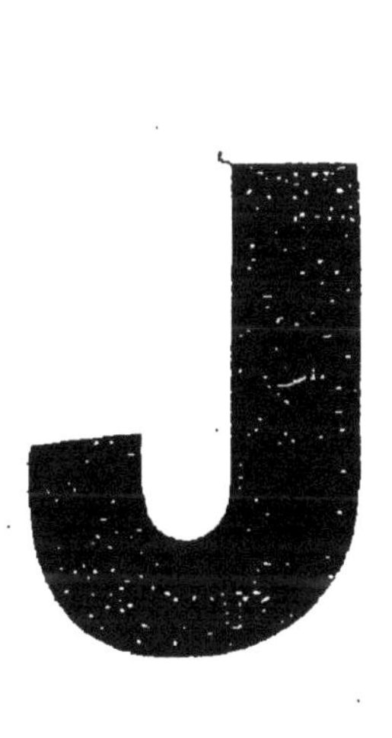

K

RELIURES

PIERRE LEGRAIN

NOUVELLE ADRESSE

8 BIS Aue PERCIER
PARIS
TÉL. ÉL. 98.38

IGOUNET DE VILLERS (Charles-André) — 1902 — né à Paris — 77, rue Dareau (14e).

1241 La Seine charrie, souvenir de janvier 1891 — IND. 1905.
1242 Le pont des Saints-Pères — 1902 — IND. 1903.
1243 Un matin au Pont Neuf — 1903 — IND. 1904.
1244 Le Pont Neuf et le quai des Grands-Augustins — 1922 — IND. 1923 — Appartient à l'Etat.
1245 Le petit bras de la Seine, l'ancienne écluse de la Monnaie et le Pont Neuf — 1922 — P. M. 1923.
1246 La Porte et le Rocher de l'île Bangor à Belle-Isle — 1924 — IND. 1925.

JACOB-HIANS (Paul) — 1907 — né à Paris. — 117, boulevard du Montparnasse (15e).

1247 Petite paysanne — 1908.
1248 Paysage d'Auvergne — 1911.
1249 Jeunes baigneuses — 1913.
1250 Paysage au cavalier — 1922.
1251 La Fontaine — 1923.
1252 Baigneuses — 1925.

JACQUEMOT (Charles) — 1906 — né à Tours (I.-et-L.). — 10, rue Seveste (18e).

1253 Le Cher à Saint-Avertin — IND. 1910.
1254 Nature morte — IND. 1908 — Appartient à Mme J.-G. J...
1255 Paysage — IND. 1914 — Appartient à M. Matei Roussou.
1256 Entraygues — 1922.
1257 Nature morte — IND. 1923 — Appartient à l'auteur.
1258 Les moulins à huile — 1925.

JANDRON (Mme Françoise-Louise) — 1907 — née à Lyon. — 3, rue de Metz, à Saint-Germain-en-Laye (Seine-et-Oise).

1259 Paysage — IND. 1906.
1260 Paysage — IND. 1906.
1261 La gitane — IND. 1923.
1262 Fruits — IND. 1923.

JAUDIN (Henri-Laurent) — *Membre fondateur* — 1884 — né à Paris. — 35, rue des Arts, à Levallois-Perret (Seine).

1263 Saint-Guénolé (Finistère) — 1898.
1264 Environs d'Aigueblanche (Savoie) — 1903.
1265 Saint-Claude (Jura) — 1906.
1266 Pont de Stalden (Suisse) — 1913.
1267 La Vallée du Vénéon (Isère) — 1922.
1268 Voreppe (Isère) — 1923.

JEREBTSOFF (Anne) — 1907 — née en Russie — Russe. — 5, rue Christine (6e).

1269 Les abeilles mortes — 1908.
1270 Paysage d'Italie — 1909.
1271 La pastèque — 1909.
1272 Italienne — 1909.
1273 Carte géographique d'Italie — 1912.
1274 La classification des chats domestiques — 1926.

JOLY Mlle (Jeanne) — 1910 — née à Marcigny (S.-et-L.). — 10, rue Vavin (6e).

1275 Portrait de Gab. (pastel) — 1910.
1276 Portrait de Mme Raoul Dufy — 1910.
1277 Portrait de J. J... — 1901.
1278 Portrait (étude) — 1924.
1279 Portrait d'Eliane H... — 1924 — Prêté.
1280 Portrait de Louisette A... — 1925 — Prêté.

JONCHERY (Charles-Emile) — 1910 — né à Paris. — 3, villa Brune (14e).

1281 L'Humanité vomissant ses vices (plâtre patiné) — 1910.
1282 Eternelle valse (groupe) (bronze cire perdue) — 1912.
1283 L'homme à la griffe (plâtre patiné) — 1913.
1284 Notre victoire (monument) (plâtre patiné) — 1922.
1285 La Madone et le Divin Enfant (groupe pierre) — 1924.
1286 Sainte Thérèse et l'Enfant Jésus (statue architecturale, projet de chapelle (maquette plâtre au dixième) — 1925.

JONG (Betty de) — Voir : Expositions posthumes.

JONVAL (Fernand) — 1907 — né à Paris. — 12, rue Cortot (18e).

1287 Carrières à Vaujours (S.-et-O.) — IND. 1911.
1288 Coucher de soleil (Vaujours, S.-et-O.) — IND. 1912.
1289 Eventail — 1913 — IND. 1922.
1290 Rue Saint-Vincent (Montmartre) — 1923 — IND. 1925.
1291 Rue Saint-Vincent (Montmartre) — IND. 1925.
1292 Herbilly (Loir-et-Cher) — 1924 — Appartient à M. le Dr Odinet.

JOSEPH (Miss Hope) — *Voir supplément.*

JOUBERT (Henri-André) — 1902 — né à Paris. — 2, rue de la Seine, Ile Saint-Germain, à Issy-les-Moulineaux (Seine).

1293 Pommes et coings — 1907.
1294 Pluie d'orage — 1908.
1295 La sente — 1909.
1296 Les javelles — 1912.
1297 Soucis et quarantaine — 1923.
1298 Une moisson à Igny — 1923.

JOURDAIN (Francis) — *Voir supplément.*

JOURDAIN-LEMOINE — Voir : EXPOSITIONS POSTHUMES.

JOUSSET (Léon) — 1907 — né à Montereau (S.-et-M.). — 29, rue de l'Echiquier (10e).

1299 Bord de mer à St-Tropez — 1910.
1300 L'Orvanne en hiver — 1912.
1301 Le village (matin) — 1913.
1302 La Seine près du pont Marie — 1919.
1303 Pont et l'Orvanne sous bois — 1921.
1304 Voulx (S.-et-M.) — IND. 1922.

JOUSSET (Frédéric) — *Voir supplément.*

JULLIOTT (Mme Made) — 1913 — née à Thomery (S.-et-M.). — 133, rue Lamarck (18e).

1305 Intérieur — IND. 1923.
1306 Au pays basque (les maisons des pêcheurs) — 1925.

1307 L'église du village — 1914.
1308 Marine — IND. 1923.
1309 La gondole — 1913.
1310 Marine (soleil couchant) — 1914.

KARPELES (Andrée) — 1906 — née à Paris. — « Chitra », 20, rue Mahias, à Boulogne-sur-Seine (Seine).

1311 Le tub — 1911.
1312 Femme au chat — 1912.
1313 Femme à la rode — 1913.
1314 Solitude — 1915.
1315 Femme au perroquet — 1920.
1316 La véranda — 1921.

KARS (Georges) — 1913 — né à Prague — Tchécoslovaque. — 89, rue Caulaincourt (18e).

1317 Paysage — 1910 — Appartient à la Galerie Marseille.
1318 Jeune fille se peignant — 1912.
1319 Portrait du sculpteur O. Gutfreund — 1913 — Pas à vendre.
1320 Nu — 1921.
1321 Portrait de Mme N. K... — 1922 — Pas à vendre.
1322 Peinture — 1925.

KAYSER (Edmond) — 1907 — né à Paris. — 37, rue Saint-André-des-Arts (6e).

1323 Jeune femme — 1903.
1324 Nature morte au buste — 1910.
1325 Le soleil dans la chambre — 1914.
1326 Le trois-mâts italien — 1923.
1327 Le marchand de coquillages — 1925.
1328 La fenêtre sur le port — 1925.

KERINGER (Albert-Joseph) — 1906 — né à Mulhouse. — 21, rue des Tuyaux, Laval (Mayenne).

1329 En campagne — 1911.

KICKERT (Conrad) — Voir : CONRAD-KICKERT (*supplément*).

KIKOINE (Michel) — 1913 — né en Russie — Russe. — 2, passage de Dantzig (15e).

1330 Paysage — Appartient à M. le Dr G. Blachmann.
1331 Nature morte.
1332 Portrait (ange).
1333 Paysage — Appartient à M. le Dr Gautherin.
1334 Nature morte.
1335 Ange (figure).

KISSLING (Eugène) — 1901 — né à Châtenois (Bas-Rhin). — 8, rue Marie-et-Louise, (10e).

1336 Le vieux moulin d'Ermenonville — IND. 1908.
1337 Saules au bord de l'Orge, à Juvisy — IND. 1909.
1338 Le clocher d'Escolives (Yonne) — IND. 1912.
1339 L'Orge dans la vallée de Savigny — IND. 1913.
1340 La mare aux deux saules — IND. 1921.
1341 Escolives au soleil couchant — IND. 1921.

KLEIN (OR-KLEIN (Victor-Charles-Albert) — 1904 — né à Paris. — 6, rue Cernuschi (17e).

1342 Portrait de M. C. L... — IND. 1912.
1343 Portrait de Mme X... — 1914.
1344 Portrait de M. D... — 1914 — Appartient à Mme Devore.
1345 Fresque (fragment) (femme à la pomme) — 1923 — Appartient à M. A. Foy.
1346 Fresque (l'Adieu) — 1924.
1347 Fresque (fragment) (au pied de la croix) — 1925.

KLEINMANN (Mme Alice-Adèle) — 1904 — née à Paris. — 57, rue Caulaincourt (18e).

1348 Les ruines du vieux moulin, à Maisons-Laffitte (l'Ile-de-France) — 1904.
1349 Le Grand-Bornand (Haute-Savoie) (La Savoie) — 1907.
1350 Bords de Seine au Pecq (l'Ile-de-France) — 1910.
1351 La Frette (l'Ile-de-France) — 1911.
1352 Cervières (l'Auvergne) — 1912.
1353 Intérieur — 1913.

KLINGSOR (Tristan L.) — 1906. — 31, avenue du Parc-Montsouris (14e).

1354 Jeune garçon — 1905 — Appartient à M. Fourreau.

1355 Vieux paysan — 1910.
1356 Nature morte — 1912.
1357 Italienne — 1921.
1358 L'Institut — 1923.
1359 Environs de Marivaux — 1925.

KOUSNETZOFF (Constantin) — 1905 — né à Nijni-Novgorod (Russie) — Russe. — 147, boulevard Montparnasse (6e).

1360 En plein air — 1903.
1361 Environs de Paris — IND. 1905.
1362 Cap Fréhel (Bretagne) — IND. 1907.
1363 Vue de Paris — 1925.
1364 Vue de Paris — 1925.
1365 Rochers de Belle-Isle — 1923.

KRAMSTYK (Romain) — 1911 — né à Varsovie — Polonais. — 40, rue Denfert-Rochereau (14e).

1366 Femme assise — 1914.
1367 Portrait d'homme — 1914.
1368 Nature morte — 1914.
1369 Nature morte — 1924.
1370 Nègre flûtiste — 1925.
1371 Portrait du sculpteur Hernandez — 1926.

KROHG (Per) — 1911 — né à Christiania (Norvège) — Norvégien. — 6, rue du Val-de-Grâce (5e).

1372 Le chapeau aux cerises — 1911.
1373 La femme en noir — 1912.
1374 Portrait de M. R. W... — 1914.
1375 Jeune femme qui s'habille — 1913.
1376 Le corset — 1913.
1377 Tableau récent — 1926.

KUPKA (François) — 1910 — né à Opocno (Bohême) — Tchèque. — 7, rue Lemaître, à Puteaux (Seine).

1378 Plans verticaux — 1912-13.
1379 Solo d'un trait brun — 1913.
1380 Traits, plans, profondeur — 1923 — Appartient à la Légation Tchécoslovaque à Paris.

NOTES

LABOUREUR (J.-E.) — 1912 — né à Nantes. — 12, square Alboni (16e).

1381 Bar en Pensylvanie — 1908 — Pas à vendre.
1382 Le soldat sur la route — 1913 — Pas à vendre.
1383 Orage — 1921.
1384 Cirque (deux gravures) — 1912 — Pas à vendre.
1385 Le Café du Commerce (gravure) — 1913 — Pas à vendre.
1386 L'île déserte (gravure) — 1914 — Pas à vendre.

LACOSTE (Charles) — 1901 — né à Floirac (Gironde). — 4, rue Armand-Moisant (15e).

1387 Port de Bordeaux (jour de pluie) — 1893 — Pas à vendre.
1388 Lune d'après-midi, banlieue en Gironde — 1899.
1389 Jardins dans Paris (St-Jean-de-Dieu) — 1900.
1390 La lumière au zénith — IND. 1901.
1391 Soir de dimanche, rue de Vaugirard — 1905.
1392 Ciel de Pentecôte — 1920.

LADUREAU (Pierre) — 1906 — né à Dunkerque. — 12, rue de l'Armorique (15e).

1393 Les vedettes — 1901 — Collection L. M.
1394 La cour verte — IND. 1907 — Appartient au Musée de Château-Thierry.
1395 Temple de Pæstum — IND. 1911.
1396 Baie de Vauville — IND. 1922 — Collection M. J.
1397 Nature morte — IND. 1925.
1398 Paysage — 1926.

LAFOURCADE (Léon) — 1912 — né à Biaudos (Landes). — 78, rue Lafayette (9e).

1399 Venise (Canale Grande) — 1911.
1400 Le Canal du Loing à Moret — 1912.
1401 La diligence sous la pluie — 1912.
1402 Le retour de la chasse — 1913.
1403 Le thé au « Mirabeau » en 1913 — IND. 1913.
1404 La Rochelle (Tour de l'Horloge) — IND. 1924.

LAFONT (Emile) — Voir : EXPOSITIONS POSTHUMES.

LAIGNEAU (Henry) — 1910 — né à Rambouillet (S.-et-O.). — 43, rue de la Garenne, à Rambouillet (Seine-et-Oise).

1405 L'horloger (clair de lampe) – 1909 — IND. 1910.
1406 Portrait de l'auteur (clair de lampe) — 1909 — IND. 1910.
1407 Le père Corbé (clair de lampe) — 1909.
1408 Le professeur Renouy (clair de lampe) — 1920.
1409 L'aquarelliste Boudaine (claire de lampe) — 1920.
1410 Portrait de l'auteur (clair de lampe) — 1921.

LALLEMENT (Félix) — 1905 — né à Pont-à-Mousson (Meurthe-et-Moselle). — 83, rue des Petits-Champs (1er).

1411 Le gros marronnier — 1905.
1412 La Moselle à Pont-à-Mousson — 1896.
1413 La descente de Nesle-la-Vallée — 1905.
1414 Nesles-la-Vallée (coucher de soleil) — 1906.
1415 Vue sur la vallée — 1910.
1416 La fête de Fontenelle — 1910.

LANÇON (Auguste) — Voir: EXPOSITIONS POSTHUMES.

LANTOINE (Fernand) — 1907 — né à Maretz (Nord). — Avenue Belair, 61, Uccle, Belgique.

1417 Théâtre — 1904.
1418 Jeune femme nue — 1912.
1419 En Camargue — 1913.
1420 Meuse (hiver) — 1924.
1421 Cargos à Dunkerque — 1925.

LAPIERRE (Emile) — 1910 — né à Cette. — Rue de la Justice, à Compiègne.

1422 Rade de Toulon — 1911.
1423 Bateaux — 1912.
1424 Bateaux — 1913.
1425 Mas en Provence — 1914.
1426 Saint-Jean-au-Bois — 1920.
1427 Forêt de Compiègne (matin) — 1923.

LAPRADE (Pierre) — 1901 — né à Narbonne. — Galeries Druet, 20, rue Royale (8e), et 14, rue de Bagneux, à Fontenay-aux-Roses (Seine).

1428 Le voilier — 1906.
1429 Villa d'Este — 1909.

1430 La Doria Pamphili — 1910.
1431 Roses et bas-relief — 1923.
1432 Amiens, vu du Beffroi — 1925.
1433 Fleurs et masques — 1925.

LA ROCHEFOUCAULD (Antoine de) — 1892 — né à Paris. — 19, rue d'Offémont (17e).

1434 Premier essai — IND. 1892.
1435 L'oiseau vert — IND. 1893.
1436 La dent du Gouter (Mont-Blanc) (peinture à l'encaustique — IND. 1894.
1437 Christ au milieu d'un groupe d'apôtres — IND. 1902 — Appartient à l'église Saint-Pierre et Saint-Paul de Menilles (diocèse d'Evreux).
1438 Saint Pierre est appelé à l'apostolat — IND. 1904 — Appartient à l'ég'ise Saint-Pierre et Saint-Paul de Menilles (diocèse d'Evreux).
1439 Petit panneau décoratif — IND. 1921.

LA ROCHEFOUCAULD (Csse Antoine de) — 1914. — 19, rue d'Offémont (17e).

1440 Buste (portrait du comte A...).
1441 Sylvie (étude).

LAURENCIN (Mme Marie) — 1906 — née à Paris. — 12, rue José-Maria-de-Heredia (7e).

1442 Portrait de l'artiste — Appartient à M. Paul Guillaume.
1443 La famille du poète S. L... — Appartient à M. Paul Guillaume.
1444 Femme au chapeau de treillis — Appartient à M. Paul Rosenberg.
1445 Le serpent — Appartient à M. Paul Rosenberg.
1446 La ronde des petites filles — Appartient à M. Paul Rosenberg.
1447 Femmes nues drapées — Appartient à M. Paul Rodenberg.

LAUNAY (Fabien) — Voir : EXPOSITIONS POSTHUMES.

LAURENT-GSELL (Lucien) — 1905 — né à Paris. — 8, avenue de Villiers (17e).

1448 Portrait de la fille de l'artiste — 1905.
1449 Portrait de l'auteur — 1925.

1450 Le Rio Tigre (République Argentine — 1914.
1451 Le cap Martin, près Menton — 1920.
1452 Au bord du Rio Parana — 1914.
1453 Environs de Rosario — 1914.

LAUTREC — Voir : TOULOUSE-LAUTREC — EXPOSITIONS POSTHUMES.

LAVALLEY (Paul-Louis) — *1912* — né à Paris. — 120 *bis*, boulevard Montparnasse (14e).

1454 Le pressoir — 1911.
1455 Sujet religieux (esquisse, triptyque) — 1911.
1456 Les vieilles maisons — 1912.
1457 Nu — 1914.
1458 Portrait de ma femme — 1920 — Appartient à l'auteur.
1459 Aux Arts Décoratifs — 1925.

LA VILLEON (Emmanuel de) — 1888 — né à Fougères (Ille-et-Vilaine). — *72*, rue Notre-Dame-des-Champs (6e).

1460 Fileuses — IND. 1890 — Appartient à M. G. L...
1461 Cascade — 1892.
1462 Cascade — 1892.
1463 Cascade — 1892.
1464 Environs d'Hyères.
1465 Neige.

LE BAIL (Louis) — 1902 — né à Evron (Mayenne). — Conflans-Ste-Honorine (S.-et-O.).

1466 La Seine à Médan — IND. 1902.
1467 Guinguette au bord de l'eau — IND. 1902.
1468 Rue de village — 1910.
1469 Les ajoncs — 1925.
1470 La moisson (dessin rehaussé) — 1913.
1471 Les foins (dessin rehaussé) — 1925.

LEBASQUE (Henri) — 1901 — né à Champigné. — 15, avenue Perrichont (16e).

1472 La mère de l'artiste — 1890.
1473 Fillette aux marguerites — 1894 — Appartient à Mme F. Rhodes.
1474 Deux figures au soleil — 1899 — Appartient au Dr Brocq.

1475 La sachette — IND. 1900 — Appartient à Mme Adam.
1476 Liseuse — IND. 1908.
1477 La terrasse — 1914 — Appartient à M. F. Manant.

LE BEAU (Alcide-Marie) — 1902 — né à Lorient (Morbihan). — A Sanary (Var), et Galerie J. Billiet et Cie, 24, rue de la Ville-l'Evêque (8e).

1478 Golfe du Morbihan — 1907 — Prêté.
1479 Les arbres roses — 1909.
1480 Le vieil arbre — 1911.
1481 Anémones — 1913.
1482 Dahlias rouges — 1925.
1483 Statuette au tapis rouge — 1925.

LE CHARLES (Henri) — 1895 — né à Châteauneuf (Charente). — 60, rue Charlot (3e).

1484 Raisins et pêches au soleil (nature morte) — 1905.
1485 A Meudon, coin disparu (aquarelle) — 1911.
1486 La Seine au pont des Saint-Pères au crépuscule (aquarelle) — 1911.
1487 L'orage au pont Sully — 1914.
1488 La Cité (soleil couchant) — 1912.
1489 Gibiers (nature morte) — 1923.

LECOURT (Raymond-Louis) — 1905 — né au Havre. — Fontaine-la-Mallet, par Montivilliers (Seine-Inférieure).

1490 Quai aux cotons (Havre) — 1906 — IND. avant guerre — Prêté.
1491 Tête de cheval — IND avant guerre.
1492 Etude de chevaux — 1914.
1493 Les « Aoûteux » — 1914.
1494 Chevaux à l'abreuvoir — 1925.
1495 Gelée blanche — 1924.

LE FAUCONNIER — 1904. — 40, rue Hallé (14e), et à Gros-Rouvres (S.-et-O.).

1496 Enfant breton — 1908 — Collection particulière.
1497 Ploumanach — 1908 — Galerie Billiet et Cie.
1498 Nature morte — 1913 — Collection particulière.
1499 Musique de chambre — 1924 — Galerie Billiet et Cie.

1500 Nu à la marguerite — 1924 — Galerie Billiet et Cie.

LE CHARLES (Henri) — 1895 — né à Châteauneuf (Charente). — Belge. — 26, avenue des Sept-Bouniers, à Uccle, Bruxelles (Belgique).

1501 Portrait — 1903.
1502 Jet d'eau — 1906.
1503 Crépuscule à Versailles — 1910.
1504 Printemps parisien — 1913.
1505 Le turban jaune — 1914.
1506 Trianon — 1914.

LEGER (Fernand) — *Voir supplément.*

LE MARCIS — Voir: EXPOSITIONS POSTHUMES.

LEMPEREUR (Edmond): Voir: EXPOSITIONS POSTHUMES.

LEMPERIERE (Emmanuel-François) — 1907 — né à Saint-Nazaire (Loire-Inférieure). — 9 *bis*, rue des Rouillis, à Sèvres (Seine-et-Oise).

1507 Les pommes — 1911.
1508 Le pichet d'étain — 1912.
1509 La jatte d'oranges — 1913.
1510 La rive des Fées — IND. 1923.
1511 Nature morte — 1924.
1512 Nature morte — 1925.

L'ENFANT (Marcel) — 1912 — né à Paris. — « Le Buisson », chaussée Jules-César, à Franconville (S.-et-O.).

1513 Cour de Cluny — 1906.
1514 Vieux pont sur l'Yerres (Boussy-St-Antoine) — IND. 1913.
1515 Les pommiers — 1914.
1516 La côte à Saint-Efflam — 1919.
1517 La Pointe de Pen-Hir (Camaret) — IND. 1922.
1518 Le Croisic : la poissonnerie — 1925.

LENOIR (Mme Mathilde) — 1911 — née à Paris. — 12, rue d'Auteuil (16e).

1519 Chapelle de Saint-Philibert (Finistère) — 1911.
1520 Vue sur l'Oued Biskra — 1912.
1521 Quai charbonnier (Paris) — 1912.

ERRATUM AU CATALOGUE

Page 106

Lire au lieu de LE CHARLES (Nos 1501 à 1506) :

LEFEBVRE (Maurice-Jean) — [illegible] — né à Bruxelles (Belgique) — Belge — 26, av. des Sept-Bonniers à Uccle-Bruxelles (Belgique).

1501 Portrait — 1903.
1502 Jet d'eau — 1906.
1503 Crépuscule à Versailles — 1910.
1504 Printemps parisien — 1913.
1505 Le turban jaune — 1914.
1506 Trianon — 1914.

1522 Roscoff et l'île de Batz — IND. 1919.
1523 Marée basse (Paimpol) — IND. 1920.
1524 Chapelle de la Joie (Saint-Guénolé-Penmarch) — IND. 1921.

LEOPOLD-LEVY — 1907 — né à Paris. — 63, boulevard Auguste-Blanqui (13e).

1525 Porte ouverte — 1899.
1526 Eglise désaffectée — 1905.
1527 L'escalier — 1906 — IND. 1907.
1528 Femme à la jupe bleue — 1916.
1529 Femme à la ceinture noire — 1916.
1530 Paysage en Provence — 1924.

LE PETIT (Alfred) — Voir : EXPOSITIONS POSTHUMES.

LE PETIT (Alfred-Marie) — 1904 — né à Fallencourt (Seine-Inférieure). — 61, rue d'Amsterdam (8e), et Clos Pézouillette (S.-et-O.).

1531 Le jour des mendiants — 1908.
1532 L'inondation — IND. 1910.
1533 Le printemps — 1913.
1534 Le village dans la montagne — 1920.
1525 Maternité — 1922.
1536 Le tueur de cochons — IND. 1924.

LE PETIT (Maurice) — 1912 — né à Boulogne-sur-Mer. — 161 *bis*, route de Versailles, à Billancourt (Seine).

1537 Les blés coupés — IND. 1914 — Appartient à l'auteur.
1538 Paysage du Boulonnais — IND. 1914 — Appartient à l'auteur.
1539 Etude au printemps — 1913 — Appartient à l'auteur.
1540 Ferme du Boulonnais — IND. 1920 — Appartient à l'auteur.
1541 Nature morte — IND. 1923 — Appartient à l'auteur.
1542 Paysage de Bretagne — 1924 — Appartient à l'auteur.

LEPREUX (Albert) — 1909 — né à Meaux. — 39, rue Lamarck (18e).

1543 Vieux moulin (Meaux) — 1910.
1544 L'église de Monthyon — 1911.

1545 Nature morte (boules de neige) — 1911 — Appartient à Mme Michelot.
1546 Paysage du Brabant — 1914.
1547 Neige à Thiers — 1920.
1548 Place à Pignarès (Var) — 1923.

LESBROS (Alfred) — 1907 — né à Avignon. — 41, rue des Fourbisseurs, à Avignon.

1549 Villeneuve-les-Avignon (l'abbaye) — 1909.
1550 Villeneuve-les-Avignon (la descente de la tour) — 1910.
1551 Villeneuve-les-Avignon (la cour du cardinal de Tury) — 1911.
1552 Une rue à Roussillon — 1912.
1553 Le plateau des Angles — 1923.
1554 Le jardin — 1924.

LE SOURD (René-Marie-Firmin) — 1910 — né à Vals (Ardèche). — 31, avenue Rapp (7e).

1555 Porte de Bergues, à Cassel — 1909.
1556 Intérieur à Josselin — 1912.
1557 Six portraits (crayons) — 1914.
1558 Portrait de Mlle J... (crayons) — 1917.
1559 Portrait du vicomte de B... — 1919 — Appartient à M. le vicomte de Boislecomte.
1560 Hortensias, à Vals — 1925.

LE TENDRE (Auguste) — 1911 — né à Guingamp (Côtes-du-Nord). — 32, avenue de la Marne, à Lorient (Morbihan).

1561 Le vieux paysagiste — IND. 1912 — Appartient à M. Paul Fontaine.
1562 Chapelle Saint-Mathurin-sur-le-Ter (Lorient) — 1913.
1563 Châtaignier au vieux Kéroman (abattu) (Lorient) — 1914.
1564 Jardin maraîcher à Kéroman (Lorient) — 1914.
1565 « Korn en Toul » (le coin du feu) Le Faouët — 1924.
1566 Scène de jardin — 1925.

LEROUILLE (Maurice-Ernest) — 1912 — né à Versailles. — 160, rue Oberkampf (11e).

1567 Le Pont Royal — 1910.

1568 Jardin de Diane, à Fontainebleau — 1911 — Appartient à M. Maclet.
1569 Les trois arbres (Rueil) — 1913 — Appartient à M. Defrada.
1570 La bourrasque — 1920 — Appartient à M. Marty.
1571 Subtilité d'atmosphère (recherche naturienne) — — 1921.
1572 Village de Creissel, à Millau (Aveyron) (art naturien) — 1925.

LEVEILLE (André) — 1911 — né à Lille. — 19 *bis*, r. Legendre (17ᵉ).

1573 L'arbre — 1909.
1574 Le Pont Neuf — 1913 — IND. 1914.
1575 Notre-Dame — 1914.
1576 L'aveugle — 1919 — IND. 1921.
1577 L'autobus qui passe — IND. 1923 — Appartient à M. J. F...
1578 Portrait — P. M. 1924.

LEVY (Léopold) — Voir : LÉOPOLD-LÉVY.

LEWINO (Walter Affroville) — 1913 — né à Londres — Anglais. — 50, rue Vercingétorix (14ᵉ).

1579 Dunes à Hardelot — 1914 — Appartient à Mˡˡᵉ Tobo.
1580 La plage à Boulogne-sur-Mer — 1925.

LEWITZKA (Mᵐᵉ Sonia) — 1909 — née à Tcenstokowa — Polonaise-ukrainienne. — 73, rue Caulaincourt (18ᵉ).

1581 La campagne — 1912 — Prêté par M. Malpel.
1582 Paysage — 1913.
1583 Nature morte — 1914.
1584 cueillette des pommes — 1919.
1585 Paysage — 1922.
1586 La danse — 1925.

LHOTE (André) — 1907 — né à Bordeaux. — 38 *bis*, r. Boulard (14ᵉ).

1587 Le Calvaire — 1909 — Appartient à M. Zeitlin.
1588 Escales — 1913.
1589 Portrait de ma femme — 1913.
1590 Gypsy's-bar — 1920.

1591 Le marin à l'accordéon — 1920 — Appartient à M. Monnier.
1592 Etude pour un portrait — 1925.

LLOYD (Mlle Mary Constance) — 1906 — née à Birmingham — Anglaise. — 2, boulevard Henri-IV (4e.

1593 Poupées vénitiennes — 1906.
1594 Etude — 1906.
1595 Pensées.
1596 Les volets bleus.
1597 Genainville.
1598 Fleurs — 1925.

LOCQUIN (Maurice) — Voir: EXPOSITION POSTHUMES.

LOISEAU (Gustave) — 1893 — né à Paris. — Aux soins de MM. Durand-Ruel, 37, avenue de Friedland (8e).

1599 Le dégel, la côte des Sablons (Hédouville) — 1898.
1600 Rue de village (St-Cyr-du-Vaudreuil) (printemps) — 1899.
1601 Le pont suspendu (Triel) — 1917.
1602 Pont-Aven (temps gris) — 1923.
1603 Le grand quai (Fécamp) — 1925.
1604 La rue Clignancourt (Paris) — 1925.

LOMBARD (Alfred) — 1907 — né à Marseille. — 40, rue Lauriston (16e).

1605 La terrasse — 1910 — Collection particulière.
1606 Paysage — 1911 — Appartient à M. L. de Rohozinski.
1607 Nature morte — 1911 — Appartient à M. L. de Rohozinski.
1608 Les fleurs et le matin — 1913 — Collection particulière.
1609 Nu.

LOTIRON (Robert) — 1909 — né à Paris. — 2, rue de Constantinople (8e).

1610 Paysage — 1910.
1611 Portrait — 1913.
1612 Femme assise — 1913.

1613 Carnaval — 1921— Pas à vendre.
1614 Paysage — 1922 — Pas à vendre.
1615 Paysage — 1925 — Pas à vendre.

LUCE (Maximilien) — 1887 — né à Paris. — 102, rue Boileau (16e).

1616 Une rue de Paris, mai 1871 — 1905.
1617 Les batteurs de pieux — 1904.
1618 La toilette — 1887 — Appartient à M. S...
1619 Femme se peignant — 1907 — Appartient à M. B.
1620 L'Été (paysage) — 1902 — Appartient à M. Z...
1621 Quai de la Mégisserie (Paris) — 1889 — Appartient à M. Z...

LUDOVIC-RODO — 1904 — né à Paris. — 14, rue Girardon (18e).

1622 Danseuse à Tabarin — 1908.
1623 La modiste — 1910.
1624 Le ballet rouge — 1911.
1625 Bords de la Seine à Juvisy — 1912.
1626 Brigneau — 1913.
1627 Hyde-Park Corner — IND. 1924.

LYSAL (Alex) — Voir : EXPOSITIONS POSTHUMES.

M

MADELAIN (Gustave) — 1907 — né à Charly (Aisne). — 81, boulevard de la Gare (13e).

1628 Le paquebot « Pellerin de La Touche » au Havre — 1911.
1629 Le marché Mouffetard, à Paris (printemps) — 1912.
1630 Basse vieille tour, à Rouen (temps gris) — 1913.
1631 L'église Saint-Séverin (été) — 1923.
1632 Abside de Notre-Dame de Paris (automne) — 1925.
1633 Un coin de fête foraine au Lion de Belfort, à l'automne — 1924.

MADELINE (Paul — Voir: EXPOSITIONS POSTHUMES.

MAHN (Berthold) — 1909 — né à Paris. — 27, rue de Seine (6e).

1634 Route à Chelles — 1911.
1635 Neige à Vitry — 1913 — Pas à vendre.
1636 Les cours, à Poitiers — 1914.
1637 Le quai des Orfèvres — 1923.
1638 Portrait de Georges Duhamel — 1924 — Pas à vendre.
1639 Etang de Trivaux — 1922.

MAILLOS (André-Jean-Marie) — 1906 — né à Paris. — 12, rue de l'Assomption (16e).

1640 La corbeille — 1907.
1641 Le frappeur — 1910.
1642 Le forgeron — 1910.
1643 Bruges (le quai des Marbriers et le Palais du Franc — 1911.
1644 Falaises à Morgat — 1913.

MAINSSIEUX (Lucien) — 1906 — né à Voiron (Isère). — 57, rue Caulaincourt (18e).

1645 Portrait de mon grand'père (peint à l'âge de
1646 Rome (le Forum) — 1911.
1647 La moisson — 1911.
1648 La route — 1911.
1649 Le bachelier — 1910 — Collection Georges Bouche.
1650 Paysage d'hiver — 1910 — Collection Georges Bouche.

MAKOWSKI (Tadé) — 1911 — né en Pologne — Polonais. — 3, rue Vercingétorix (14ᵉ).

1651 Paysage — 1914.
1652 La moisson — 1914.
1653 La ferme — 1914.
1654 Concert d'enfants — IND. 1922.
1655 Paysanne au panier de fruits — 1923.
1656 Danse de paysans — 1924.

MANGUIN (Henri) — 1902 — né à Paris. — 7, rue Saint-James à Neuilly-sur-Seine (Seine).

1657 Les gravures — 1904 — Appartient à M. de M...
1658 La femme à la grappe — 1906 — Appartient à M. M...
1659 Les harengs — 1911 — Appartient à M. D. F...
1660 Nu debout — 1921.
1661 La terrasse — 1922 — Appartient à M. G. K...
1662 Sinopolis (paysage) — 1920.

MANZANA-PISSARO (Georges) — 1906 — né à Louveciennes (Seine-et-Oise). — 31, boulevard Saint-Jacques (14ᵉ).

1663 La gardeuse de vache — 1905.
1664 Les sorcières — 1908.
1665 La femme aux pélicans — 1905.
1666 Jeunes filles orientales (détrempe et or) — 1904 — Appartient à M. X...
1667 Paysage aux Andelys — 1925.
1668 Etude de nu — 1925.

MARCEL-BERONNEAU (Pierre) — 1905 — né à Bordeaux. — 11, impasse Ronsin (15ᵉ).

1669 Salomé — IND. 1905.
1670 Nu — 1913.
1671 Salomé — IND. 1923.
1672 Salomé — IND. 1920.
1673 Salomé — IND. 1909.
1674 Salomé — 1910.

MARCEL-CLEMENT (Amédée) — 1905 — né à Paris. — 14 *bis*, Hameau Boileau (16ᵉ).

1675 Lumières et reflets — 1908.
1676 Marine — 1912.

1677 Le cheval blanc — 1912.
1678 Automne aux Champs Elysées — 1913.
1679 Place Vauban — 1919.
1680 Barques de pêche — 1924.

MARCHAND (Jean) — 1907 — né à Paris. — 73, r. Caulaincourt (18e).

1681 Paysage — 1907-1908.
1682 Labour — 1912.
1683 Portrait — 1914.
1684 Femme allaitant un enfant — 1921.
1685 Baigneuse — 1925.

MARCOLESCO (Georges) — 1905 — né à Bucarest (Roumanie) — Roumain. — 3, rue Mariotte (17e).

1686 Femme cousant, fenêtre ouverte — IND. 1905.
1687 Jeune femme lisant — 1906.
1688 Panier à ouvrage — 1910.
1689 Après-midi d'été — IND. 1912.
1690 Vieille dame lisant — 1924.
1691 Nu — 1925.

MARCOUSSIS (Louis) — 1912 — né à Varsovie (Pologne) — Polonais. — 61, rue Caulaincourt (18e).

1692 Portrait de M. Gazanion — 1912 — Appartient à M. E. G...
1693 Le pyrogène — 1912.
1694 Carafon et cartes à jouer — 1914.
1695 Nature morte — 1914.
1696 Guitare — 1922 — Appartient à la Société « Œil Clair ».
1697 Nature morte — 1923 — Galerie Percier.

MARE (André) — 1906 — né à Argentan (Orne). — Galerie Marseille, 16, rue de Seine (6e).

1698 Le bouquet de violettes — 1910 — Pas à vendre.
1699 L'écharpe blanche — 1925.

MAROCCO (Philippe) — 1913 — né à Monte-Carlo — Monégasque. — 17, rue des Petites-Ecuries (10e).

1700 Grand'mère (portrait) — 1906 — IND. 1913 — Appartient à l'auteur.
1701 Lisa (portrait) — 1912 — Appartient à l'auteur.

1702 Jaques (portrait) — 1913 — IND. 1914.
1703 L'homme à la pipe — 1920.
1704 L'autel Saint-Joseph (Roquebrune) — 1920.
1705 Le clocher de Roquebrune (Alpes-Maritimes) — 1923 — IND. 1924.

MARQUE (Albert) — 1903 — né à Nanterre (S.-et-O.). — 114, rue de Vaugirard (6e).

1706 Ebats d'enfants (groupe bronze) — IND. 1904.
1707 Buste de Daumier (plâtre) — 1907 — Appartient à la Bibliothèque d'Art et d'Archéologie.
1708 Femme se coiffant (statue pierre) — IND. 1908.
1709 Baigneuse (statuette bronze) — 1911 — Appartient à M. Sabathé.
1710 Buste de R. Quinioux (bronze) — 1917 — Appartient à M. Quinioux.
1711 Buste de G. Chérau (bronze) — 1919 — Appartient à M. Gaston Chérau.

MARQUE (Maurice) — 1904 — né à Rueil (S.-et-O.). — 150, rue de Vaugirard (15e).

1712 Couturière — IND. 1906.
1713 Paysage — 1911.
1714 Les couturières — 1913.
1715 Paysage — 1919.
1716 Paysage — IND. 1923.
1717 Fenêtre ouverte — 1923.

MARQUET (Albert) — 1901 — né à Bordeaux. — 19, quai Saint-Michel (5e).

1718 Notre-Dame (l'abside) — 1903 — Appartient à M. H. Manguin.
1719 Le port de Hambourg — 1909 — Appartient à Mme E. D...
1720 Inondation (pont St-Michel) — 1910 — Appartient à Mme E. D...
1721 Port de La Rochelle — 1920 — Appartient à Mme E. D...
1722 Alger (cercle nautique) — 1922.
1723 Terrasse à Sidi-Bou-Saïd — 1923 — Appartient à M. M. K...

MARTIN (Claude-René) — 1911 — né à Paris. — 12, rue de l'Abbaye (6e).

1724 La mare — 1912.
1725 Paysage d'Auvergne — 1914.
1726 Le village — 1914.
1727 Figure — 1922.
1728 Collioure — 1921.
1729 La fenêtre — 1925.

MARTIN (Jacques) — Voir : EXPOSITIONS POSTHUMES.

MARTOUGEN (Stanislas) — 1905 — né à Givet (Ardennes). — 95, rue de Vaugirard (6e).

1730 Intérieur ardennais — 1899.
1731 Légende des Dames de Meuse — 1900.
1732 Portrait de M. de L... — 1913 — Appartient à M. de L...
1733 Christ mort au pied de la Croix — 1921.
1734 La dame au masque (portrait de Mlle Roseraie, de la Comédie Française) — 1924 — Appartient à Mlle Roseraie, de la Comédie Française.
1735 La bohémienne — 1926.

MARVAL (Mme Jacqueline) — 1901 — née à Paris. — 19, quai Saint-Michel (5e).

1736 L'odalisque au guépard (mon premier tableau) — IND. 1901.
1737 Les odalisques — IND. 1903.
1738 L'hommage à Florian (le miroir de la Vérité) — IND. 1905.
1739 Les endormies — 1911.
1740 L'étrange femme — 1920.
1741 A la plage (Biarritz) — 1924.

MASSIN (Louis-Eugène-Pierre) — 1907 — né à Paris. — 95, rue de Vaugirard (6e).

1742 Alarme de nuit (Paris 1793) — 1902.
1743 Rue Cher (Pont-Croix, Finistère) — 1911.
1744 Nuit du 10 août 1792 — 1913.
1745 La parade — 1919.
1746 Le retour au port — 1923.
1747 Paludier de Saillé — 1924.

MATHAN (Raoul de) — 1904 — né à Albi (Tarn). — La Capelle Sainte-Croix de Saint-Lô (Manche).

1748 La glèbe — IND. 1905 — Appartient à la Galerie Druet.
1749 Condamné à mort — IND. 1905 — Appartient à la Galerie Druet.
1750 Grand nu — 1908 — Appartient à la Galerie Druet.
1751 Cour d'assises — IND. 1909 — Appartient à la Galerie Druet.
1752 Femme en rose — 1923.
1753 Paysan normand — 1925.

MATHEY (Mlle Juliette-Marie) — 1913 — née à Paris. — 40, rue Denfert-Rochereau (5e).

1754 Nature morte — 1914.
1755 Fleurs — 1923.

MATISSE — Voir : Henri-Matisse.

MATRAS (Henri-César) — 1906 — né à Montbéliard (Doubs). — 22, rue Henri-Regnault (14e).

1756 Contre-jour — 1905.
1757 Les éléphants royaux — 1911.
1758 L'homme à la cigarette — 1913
1759 Arabes (Oran) — 1921.
1760 Arabes (Oran) — 1922.
1761 Le siphon vert — 1925.

MAUFRA (Maxime) — Voir : Expositions posthumes.

MAURIN (Charles) — Voir : Expositions posthumes.

MENNERET (Charles-Louis) — 1906 — né à Paris. — 17, avenue Trudaine (9e).

1762 Moulin à la Galette (neige) — 1906.
1763 Moulin à la Galette — 1908.
1764 Paysage du matin — 1910.
1765 Paysage au Bois (saule) — 1920.
1766 Bretagne (sur la lande) — 1922.
1767 Paysage au Bois — 1923.

MERIC (Paul) — 1912 — né à Beaumont-de-Lomagne (Tarn-et-Garonne. — 15, quai de Conti (6e).

1768 Le pêcheur à la ligne — 1913.

MESTRALLET (Paul-Louis) — 1909 — né à Paris. — 52, rue Lhomond (5e).

1769 Allées à Antony — 1910.
1770 Nuages au crépuscule — 1912.
1771 Vue de Paris — 1914.
1772 Fleurs et fruits au soleil — 1925.
1773 Bords de l'Epte — 1925.
1774 Les châtaigniers (Dordogne) — 1925.

METTHEY (André) — Voir : EXPOSITIONS POSTHUMES.

MEUNIE (Paul-Henri) — 1891 — né à Paris. — 35, av. Kléber (16e).

1775 Clownesse (aquarelle) — IND. 1891.
1776 Le Temple de la Musique — IND. 1901.
1777 Le bassin de Pomone — IND. 1901.

MIGNON (Lucien) — 1905 — né à Angers (M.-et-L.). — 1, rue Surcouf (7e).

1778 Profil d'enfant — 1908 — IND. 1910 — Appartient à l'auteur.
1779 Le jeune liseur — IND. 1908 — Appartient à l'auteur.
1780 Fleurs de Nice — 1908 — IND. 1912 — Appartient à M. et Mme G...
1781 Liseuse — 1915.
1782 La chemise enlevée — 1915.
1783 Fleurs — 1914.

MILCENDEAU (Charles) — Voir : EXPOSITIONS POSTHUMES.

MILLARD (Ernest-Jean-Marie) — 1905 — né à Paris. — 7, boulevard Arago (13e).

1784 Vallée bretonne au sud de Dinan — 1906.
1785 La Bièvre aux Gobelins (coin disparu) — 1907.
1786 La Bièvre à la Butte aux-Cailles (coin disparu) — 1908.

1787 Vieux bouquins — 1910.
1788 Marché aux porcs, à Fougères (aquarelle) — 1911.
1789 Foire de Fribourg (Suisse) (aquarelle) — 1912.

MILLOT (Eugène-Charles) — 1906 — né à Paris. — 6, rue de Fécamp (12e).

1790 Fleurs et soleil — 1900.
1791 Bord de rivière (matin) — 1902.
1792 A Bonneil, près Château-Thierry — 1909.
1793 Port de St-Tropez (Var) — 1925.
1794 Rive Provençale — 1925.
1795 Rue Portail-Neuf, à St-Tropez — 1925.

MODIGLIANI (Amédée) — Voir: EXPOSITIONS POSTHUMES.

MOHRIEN (Achille) — 1906 — né à Paris. — 1 *bis*, rue Saint-Gilles (3e).

1796 Embarquement du plâtre à La Frette-sur-Oise — 1911.
1797 Effet de neige à Etampes (Seine-et-Oise) — 1912.
1798 Barques de pêche à Llansa (Catalogne) — 1913.
1799 Les Masques (nature morte) — 1913.
1800 Embarquement du plâtre, à La Frette-sur-Oise — 1923.
1801 Route d'Etampes à Boissy-la-Rivière (S.-et-O.) — 1925.

MOREAU (Gaston-Auguste) — 1911 — né à Paris. — 15 *bis*, rue de Châtillon, à Clamart (Seine).

1808 Portrait de mon Oncle (feu Mathurin Moreau, statuaire et maire du 19e arrondissement de Paris) — 1903 — Appartient à M. Mathurin Moreau (fils).
1809 Paysage à Mouthiers (Jura) — 1910 — Appartient à Mme de M. de C.
1810 Effet du soir — 1911.
1811 Effet du matin — 1920.
1812 Effet de neige — 1922 — Appartient à M. Grock (du Palace).

1813 Epaves du « Berceau de Saint-Pierre » et du « Saint-Louis » (catastrophe de Penmarc'h, 23 mai 1925) — 1925 — Appartient à M. Grock (du Palace).

MOREAU (Louis) — 1909 — né à Châteauroux. — 16, rue de Paris, à Charenton-le-Pont (Seine).

1814 La Seine à Herblay (aquarelle) — 1912.
1815 La Seine à Levallois (aquarelle) — IND. 1912.
1816 Les chanteurs (sépia) — IND. 1913 — Appartient à Mme Norman Spang.
1817 Le marché (dessin) — IND. 1914 — Appartient à M. R. Perrot.
1818 La Creuse à Cuzion — IND. 1923.
1819 Fileuse Marchoise — IND. 1925.

MOREAU (Luc-Albert) — 1907 — né à Paris. — 15, rue du Cherche-Midi (6e).

1820 L'enfant blonde — IND. 1912 — Appartient à M. Marcel Monteux.
1821 Le Banjo — 1913 — Appartient à M. Ch. Pacquement.
1822 Etude sur le raid aérien (juin au 31 juillet) — 1914 — Appartient à M. Léon Marseille.
1823 Le Boxeur — IND. 1922 — Appartient à M. G. Menier.
1824 Soldats dans la tranchée n° 5 — IND. 1923 — Appartient à l'artiste.
1825 La Femme à la Pipe — 1924 — Appartient à M. Claude-Roger Marx.

MORET (Henry) — Voir : EXPOSITIONS POSTHUMES.

MORETTI (Luigi) — 1911 — né à Venise (Italie) — Italien. — 83, rue de la Tombe-Issoire (14e).

1826 Le Pont Scaligero (Vérone) — 1911.
1827 Paix domestique — 1913.
1828 La Fête à Vaugirard — 1914.
1929 La Poissonnerie à Venise — 1920.
1830 Burano (Venise) — 1925.
1831 Il Traghetto à Venise — 1925.

MORIN (Fernand) — 1906 — né à Saint-Aubin-de-Baubigné (Deux-Sèvres). — 25, rue Turgot (9e).

1832 Bords du Scorff (Finistère) — 1906.

1833 Chaumières à Bréhat — 1910.
1834 La Femme dans les Arbres (Finistère) — 1907.
1835 Chateauneuf-du-Faou — 1907.
1836 La Loire à Vouvray — 1924.
1837 Le Pen Morier à Vouvray — 1923.

MORTIER (Robert) — 1912 — né à Nice. — 55, rue de Lille (7e).

1838 Mon Jardinier — 1910 — Pas à vendre.
1839 Route de Villers-Cotterets — 1908 — Pas à vendre.
1840 Modèle — 1914 — Pas à vendre.
1841 Paysage — 1920 — Pas à vendre.
1842 Nature morte — 1923.
1843 Port d'Honfleur — 1921 — Pas à vendre.

MORTIMER-GRONOW (Alexis-Tudor) — 1906 — né à Paris. — 39, rue Washington (8e).

1844 Etude de nu dans l'atelier — 1906.
1845 Bretonne — 1909.
1846 Etude — 1910.
1847 Atours désuets — 1912.
1848 Dahlias — 1924.
1849 Roses du Bengale — 1924.

MOUILLOT (Marcel) — 1913 — né à Paris. — 16 *bis*, boulevard Saint-Jacques (14e).

1850 Moisons à Auray — 1908 — Pas à vendre.
1851 Paysage — 1911 — Pas à vendre.
1852 Nature morte — 1914 — Pas à vendre.
1853 Nature morte — 1919 — Appartient à Mme L.
1854 Paysage en Provence — 1921.
1855 Moustiers — 1925.

MOURIER (Pierre) — Voir : EXPOSITIONS POSTHUMES.

MÜTER (Marie Mela) — 1909 — née à Varsovie (Pologne) — Polonaise. — 51, boulevard Saint-Jacques (14e).

1856 La Jota — 1913.
1857 En Catalogne — 1914.
1858 Groupe d'enfants — 1913.
1859 Portrait de R. W. Fuerst — 1924.
1860 Portrait de Paul Vaillant-Couturier — 1926.

NO

NOTES

NAILLOD (Charles) — 1906 — né à Paris. — 56, rue de Douai (9ᵉ).

1861 Portrait de mon frère : Guy d'Ollian — 1908.
1862 Jeune fille nue — 1908.
1863 Papillon d'or — 1908.
1864 Japonerie — 1924.
1865 La Mer — 1914.
1866 Paulette et ses petites amies — 1922.

NIVOULIES (Mme Marie) — 1907 — née à Toulon. — 119, boulevard Saint-Michel (5ᵉ).

1867 Café maure — 1910.
1868 Fondouk Biskra — 1911.
1869 Tête de femme — 1910.
1870 Figure — 1909.
1871 Figure — 1920.
1872 Figure — 1922.

NOEL-BASTIDE (Alexandre) — 1904 — né à Toulouse. — rue du 14-Juillet, à Narbonne (Aude).

1873 Scène languedocienne — 1908.
1874 Les Roches fleuries — 1910.
1875 Environs de Narbonne — IND. 1905.
1876 Hameau de l'Hardy (Gard) — 1924.
1877 Environs de Narbonne — 1925.
1878 Matinée de Mai à Lézan (Gard).

NOURRIGAT (Emile-Eugène) — 1910 — né à Maraussan (Hérault). — 18, rue Friant (14ᵉ).

1879 Becthsabée — 1910.
1880 Bacchus — 1912.
1881 Baigneuse — 1914.
1882 Femme au perroquet — 1914.
1883 Danse antique — 1920.
1884 Orphée — 1925.

OFFNER (Georges) — 1905 — né à Nanterre (Seine-et-Oise). — 77, rue Labat (18ᵉ).

1885 Effet de givre — IND. 1907 — Appartient à l'artiste.
1886 Marais le matin — 1910.
1887 Avril — 1911.
1888 Groupe d'arbres — 1913.
1889 Auvergne — 1924.
1890 Auvergne — 1925.

OLIVIER (Ferdinand-Adolphe) — 1904 — né à Martigues (B.-du-R.). — 6, square Delambre (14e).

1891 La Maison rose (1906) — IND. 1907 — Appartient à l'Etat.
1892 Le petit port (1908) — IND. 1909.
1893 Le Quartier de Brescon — 1909 — Appartient au Dr Paulin.
1894 La Cathédrale — 1910 — Appartient à Mme de Serbonnes.
1895 Vue de la Terrasse — 1925.
1896 Les Tulipes — 1925.

OTT (Lucien) — 1901 — né à Paris. — 23, rue de Crosnes, à Villeneuve-Saint-Georges (Seine-et-Oise).

1897 Bois de Kerterouërn (Loguivy) — 1899 — Appar- à l'auteur.
1898 Neige, Bois Saint-Pierre (Loguivy) — 1901 — Appartient à l'auteur.
1899 La Seine à Villeneuve-Saint-Georges — 1905.
1900 Le Trieux (Loguivy) — 1921.
1901 Rue de Rome (Alfortville) — 1922 — Appartient à l'auteur.
1902 La Seine à Villeneuve-Saint-Georges (Triage) — 1922 — Appartient à l'auteur.

OTTMANN (Henry) — 1905 — né à Ancenis (Loire-Inférieure). — 16, avenue Rachel (18e).

1903 Jeune femme lisant — 1905 — Appartenant à Mme O.
1904 Intérieur à la robe rose — 1906 — Appartenant à Mme O.
1905 La Verseuse — 1910.
1906 Chez la modiste (esquisse) — 1914 — Appartient à Mme Naux.
1907 Chez la modiste — 1925-1926.
1908 Femme à la cigarette — 1925.

OUILLON-CARRERE (Fernand) — 1911 — né à Paris. — 11, rue des Sablons (16e).

1909 Repos du modèle (crayon rehaussé à l'aquarelle) — 1913.
1910 Fumée d'encens (crayon rehaussé à l'aquarelle) — 1914.

1911 Jeune femme rousse (crayon rehaussé à l'aquarelle) — 1914.
1912 Délassement (crayon rehaussé à l'aquarelle) — 1919.
1913 Femme au pantin (crayon rehaussé à l'aquarelle) — 1920.
1914 Fumée de cigarette (crayon rehaussé à l'aquarelle — 1920.

OZENFANT (Amédée) — 1911 — né à Saint-Quentin. — 53, avenue Reille (14e).

1915 Drapeau — 1913 — IND. 1914.
1916 L'Aube — IND. 1913.
1917 Forêt — IND. 1914.
1918 Mobilisation — IND. 1914.
1919 Maroc — IND. 1919 — Collection privée.
1920 Tableau — IND. 1925.

PQ

PAGANINI (Rémo) — 1913 — né à Milan (Italie) — Italien. — 86, avenue Ledru-Rollin (12e).

1921 Bord du ruisseau ,Bourgogne) — 1912.
1922 Sortie de Forêt (Auvergne) — 1913.
1923 Vieille rue de Brioude — 1913.
1924 Petit hameau d'Auvergne — 1922.
1925 Entrée du Vernet (Puy-de-Dôme) — 1922.
1926 La Creuse en Touraine — 1925.

PARENT (Léon) — 1906 — né à Armentières (Nord). — 9, rue des Apennins (17e).

1927 Intérieur à la grand'mère — 1902.
1928 Intérieur aux Pyrénées — 1908.
1929 Portrait (Pyrénées) — 1908 — Appartient à Mme J. P.
1930 Le Dépiquage (Pyrénées) — 1908.
1931 Moret — IND. 1925.
1932 Moret — IND. 1925.

PARENT (Roger) — 1904 — né à Paris. — 54, rue de l'Aqueduc, à Bruxelles (Belgique).

1933 Nature morte — IND. 1912 — Pas à vendre.
1934 Champagne (Seine-et-Oise) — 1913 — Collection M. Callet.
1935 Nu devant la fenêtre — IND. 1914 — Pas à vendre.
1936 Le feuillage vert — 1923 — Collection R. X.
1937 Nu — 1923 — Collection R. X.
1938 Composition — 1924 — Collection A. Y.

PARYS (Mme Stéphanie Van) — 1905 — née à Paris. — 21, rue Valette (5e).

1939 Poteries et fruits — 1910.
1940 Nature morte à l'Egyptien — 1922.
1941 Paysage de Savoie — 1916.
1942 Portrait d'enfant — 1915.
1943 Les Cyclamens — 1925.
1944 Paysage — 1924.

PATERNE-BERRICHON — Voir : Expositions posthumes.

PAUL-MANCEAU (Dr. G.) — 1904 — né à Loches. — 12, rue de Bellechasse (7e).

1945 Les murailles de Loches (automne) — 1906.
1946 Les Clochers de Saint-Ours (Loches) — 1909.
1947 La Seine au Pont-Royal — 1910.
1948 Portrait de Mme G. B. — 1923.
1949 La coiffure l' l'inoculation — 1924.
1950 Aux Tuileries (portrait) — 1925.

PAVIL (Elie-Anatole) — 1906 — né à Odessa (Russie) — Français. — 22, rue de la Tour-d'Auvergne (9e).

1951 La Seine — 1910.
1952 Le pont des Arts — 1912.
1953 Arcachon — 1912.
1954 Arcachon — 1922.
1955 La place Pigalle — 1914.
1956 Intérieur — 1916.

PAVIOT (Louis-Claude) — 1896. — 63, rue Caulaincourt (18e).

1957 Le jardin aux dahlias — 1895.
1958 Trieuses de dattes — 1898.
1959 Jardin d'Espagne — 1898.
1960 A l'ombre des polownias — 1901.
1961 Plaisir d'été, baigneuses — 1907.
1962 L'été (composition) — 1910.

PECCATTE (Marie-Charles) — 1904 — né à Baccarat (Meurthe-et-Moselle). — 27, rue Thurin, à Saint-Dié (Vosges).

1963 Bouleaux en Lorraine — 1904 — Pas à vendre.

PELLERIER (Maurice) — 1911 — né à Paris. — 15, rue Alphonse-Daudet (14e).

1964 La fontaine Médicis — IND. 1911.
1965 Le chemin vert — IND. 1912.
1966 Dernières feuilles au Luxembourg — IND. 1913.
1967 Soir sur le Grand-Morin — 1914.
1968 L'été au Luxembourg — IND. 1921.
1969 Le jet d'eau (Trianon) — IND. 1922.

PENOT (Eugène-Edouard) — né à Pithiviers (Loiret). — 223, rue de l'Université (7e).

1970 La Marne à Jablines — IND. 1912.
1971 Paysage à Précy — 1913.
1972 Paysage près d'Anet — 1914.
1973 La grande tombe de Villeroy — IND. 1920 — Appartient à l'auteur.
1974 Les cerisiers — IND. 1921.
1975 Le chemin de Baulette — IND. 1923.

PEQUIN (Charles) — 1909 — né à Nantes. — 65, boulevard Arago (13e).

1976 Portrait — 1908.
1977 Nature morte — 1925.

PERELMA (Ossy de) — 1906 — né en Russie — Russe. — 9, rue Daru (8e).

1978 Portrait de M. l'abbé Thuélin (Louis Romain), ancien directeur du journal *Le Soleil* — Appartient à M. l'abbé Thuélin.
1979 Paysage — 1910.
1980 Paysage — 1911.
1981 Paysage — 1912.
1982 Paysage — 1909.
1983 Paysage — 1909.

PERRIN-MAXENCE (Henri) — 1909 — né à Saint-Etienne (Loire) — 3, rue Boissonade (14e).

1990 Paysage de neige (Crozant) — 1913.
1991 Fleurs — 1912.
1992 Tulipes et pommes — 1913.
1993 Ker-Nérenas (Le Pouldu) — 1910.
1994 La Laïta (Le Pouldu) — 1910.
1995 Fleurs — 1920 — Appartient à Mme A.

PERSON (Henri) — Voir : EXPOSITIONS POSTHUMES.

PESKE (Jean) — 1895. — 39, boulevard Saint-Jacques (15e).

2002 La récolte des châtaignes (Var) — 1912.
2003 Les collines brûlées — 1913.
2004 Les bords de la Seine — 1921.
2005 Paysage normand — 1922.

PETITJEAN (Hippolyte) — 1891 — né à Mâcon. — 5, villa du Parc-Montsouris (14e).

2006 Portrait — IND. 1894 — Appartient à l'auteur.
2007 Baigneuse — 1902 — IND. 1903.
2008 La toilette — 1912.
2009 Portrait — 1914 — Appartient à l'auteur.
2010 Baigneuse — 1921 — IND. 1922.
2011 A la fontaine — 1921 — IND. 1922.

PICART LE DOUX — 1905 — né à Paris. — 13, rue Paul-Féval (18e).

2012 Petit nu — 1904 — Appartient à M. P.
2013 Petite fille en bleu — IND. 1912 — Collection J. B.
2014 Paysage Montmartre — 1911.
2015 Tunis — 1914.
2016 Paysage provençal — 1925.
2017 Les bords de l'Arc — 1926.

PICHON (Alfred) — Voir: EXPOSITIONS POSTHUMES.

PICHON (Mme Suzanne) — 1907 — née à Nancy. — 41, rue Poussin (16e).

2018 Le lac de Nemi — 1913 — Pas à vendre.
2019 Vieille porte à Assise — 1914 — Pas à vendre.
2020 Mer bleue et maisons blanches (Bretagne) — 1912 — Pas à vendre.
2021 La colline toscane — 1924.
2022 Saint-Paul-du-Var — 1920.
2023 Beau temps — 1921.

PICHOT (Ramon) — Voir: EXPOSITIONS POSTHUMES.

PIET (Fernand) — 1893 — né à Paris. — 35, rue Lamarck (18e).

2024 Square d'Anvers — 1905.
2025 Chapeau de printemps — 1911.
2026 Bal Tabarin — 1910 — Appartient à M. F. Jobert.
2027 Sentier de la Vertu, au Bois-de-Boulogne — 1910.
2028 Ile Saint-Ouen — 1920.
2029 Etude de femme — 1921.

PIMIENTA — Voir : GUSTAVE-PIMIENTA.

PINAL (Fernand) — 1910 — né à Bruyères-et-Montbérault (Aisne). — 3, villa Brune (14e).

2030 Symphonie en bleu mineur — IND. 1911 — Appartient à l'auteur.
2031 Les moulins de Meaux en 1913 — IND. 1914.
2032 Au jardin — 1914 — Appartient à l'auteur.
2033 L'été — 1919 — IND. 1923 — Appartient à l'auteur.
2034 Eté (Bois de Verrières) — 1922 — IND. 1924.
2035 Sur le divan — 1925.

PIROLA (René) — Voir : EXPOSITIONS POSTHUMES.

PISSARO (Lucien) — *Voir supplément.*

PIVAND (Henri) — Voir : EXPOSITIONS POSTHUMES.

POIRIER (Paul) — 1909 — né à Paris. — 26, rue Pigalle (9e).

2036 La Sénouire à Poulhaguet — IND. 1911.
2037 Paysage — IND. 1911.
2038 Matin ensoleillé — 1913.
2039 Entrée du village — 1914.
2040 L'étang — 1915.
2041 Le ruisseau — 1915.

PORTAL (Emile) — 1913 — né à Marseille. — 103, rue de Ménilmontant (20e).

2042 Italia — 1907.
2043 Crépuscule — 1905.
2044 Sausset-les-Pins — 1905.
2045 Port-de-Bouc — 1908.
2046 Chemin de la Lauze — 1925.
2047 Coteaux à Saint-Affrique — 1925.

POULLAIN (Edmond-Marie) — 1905 — né à Montebourg (Manche). — 14, rue de Bruxelles (18e).

2048 La rencontre au matin — 1910.
2051 La justice de paix — 1923.

2052 Le puits mitoyen — 1917.
2053 Au vieux temps (Normandie) — 1922.

POZIER (Jacinthe) — Voir: EXPOSITIONS POSTHUMES.

PREVILLE (Mlle Andrée) — 1912 — née à Paris. — 5, rue José-Maria-de-Hérédia (7e).

2054 Notre-Dame de Paris — 1914.
2055 Mohamed — 1914.
2056 Soleil couchant sur les pins parasols — 1914.
2057 Mauresque — 1920.
2058 Anémones — 1922.
2059 Renoncules — 1922.

PRODHON (Emile-Auguste) — 1901 — né à Paris. — rue des Vinaigriers, 25 (10e).

2060 Le Pont Neuf — 1913.
2061 Bord de la Seine à Soisy-s.-Etiolles (S.-et-O.) — 1912.
2062 Bord de la Seine à Soisy-s.-Etiolles (S.-et-O.) — 1912.
2063 Roses — 1908.
2064 Peupliers au bord de la Marne (Mary-sur-Marne — 1923.
2065 Dahlias — 1925.

PROST (Gaston) — 1911 — né à Paris. — 62, rue de Rennes (6e).

2066 Le matin à Villeneuve-l'Étang — IND. 1912.
2067 Le Pont-Neuf et l'ancienne écluse de la Monnaie — 1913.
2068 L'église de Corcy (Aisne) (détruite pendant la guerre) — IND. 1913.
2069 La cueillette du raisin — 1919.
2070 Le Lez à Montplaisir (Hérault) — 1924.
2071 Le Pont-Marie sous la neige — 1925.

PRUNIER (Gaston) — 1903 — né au Havre. — 24, r. Dombasle (15e).

2072 Glaisières de Vanves — 1898.
2073 Quatre études de chantiers — 1898 — 1899 — 1900 1920.

2074 Gare du Nord — 1906.
2075 Pont de Charing-Cross (Londres) — 1908.
2076 Cirque de Gavarnie — 1913.
2077 Pont de la Concorde — 1917.

PUY (Jean) — 1900 — né à Roanne. — 128 *bis*, boulevard de Clichy (18e).

2078 Jeune fille au violoncelle — IND. 1905 — Appartient à M. Blot.
2079 Femme nue — IND. 1907 — Appartient à M. Bernard.
2080 Femme couchée — 1911 — Appartient à M. Vollard.
2081 Le modèle et l'artiste — 1913 — Appartient à M. Vollard.
2082 La jeune artiste peignant — 1914 — Appartient à M. Vollard.

QUESNEL (Robert-Cam.) — 1906 — né à Paris. — 278, boulevard Raspail (14e).

2083 Etude (Bretonnes) — 1909 — Appartient à M. P. L.
2084 Récolte des pommes de terre — 1910 — Appartient à M. G. V.
2085 Dentellières (Sainte-Marine) — 1914 — Appartient à l'État.
2086 Retour de goëlettes d'Islande — 1924.
2087 Port de Paimpol — 1924.
2088 Farniente — 1923.

QUILLIVIC (René) — 1906 — né à Plouhinec (Finistère). — 73, boulevard Montmorency (16e).

2089 Sculpture bretonne.
2090 Sculpture bretonne.
2091 Sculpture bretonne.
2092 Sculpture bretonne.
2093 Sculpture bretonne.
2094 Sculpture bretonne.

NOTES

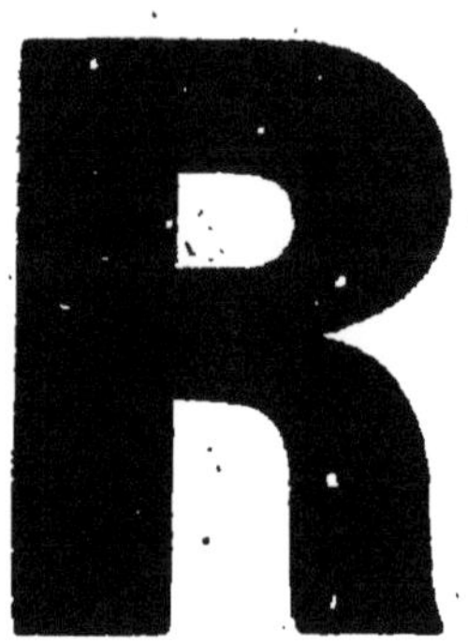

RAINGO-PELOUSE (Germain) — 1912 — né à Paris. — 17, rue Campagne-Première (14e).

2095 Nature morte (pommes) — 1913.
2096 Nature morte (lapin) — 1913.
2097 Coin d'atelier — 1914.
2098 Paysage (Giverny) — 1922.
2099 Paysage (Gommecourt) — 1924.
2100 Portrait — 1925.

RAMEAU (Claude) — 1904 — né à Bourbon-Lancy. — Galerie Marcel Bernheim, 2 *bis*, rue Caumartin (9e).

2101 La promenade — 1908 — Appartient au docteur Cordier.
2102 Le printemps — 1910 — Appartient au docteur Cordier.
2103 La mare au petit jour — 1913 — Appartient au docteur Cordier.
2104 Saint-Thibault-sur-Loire — 1920.
2105 Printemps à Saint-Thibault — 1923.
2106 La Loire à Dion par temps gris — 1925.

RAMEY (Henry-Louis-Gaston) — 1911. — 6, rue Desaix (15e).

2107 Peinture — 1912 — Prêtée.
2108 Peinture — 1914.
2109 Peinture — 1914.
2110 Le garçon à la chemise bleue — IND. 1922.
2111 Baigneuses — 1925.
2112 Peinture — 1925.

RAMOND (Paul) — 1906 — né à Toulouse. — 3, place Intérieure-Saint-Michel, à Toulouse (Haute-Garonne).

2113 Luzernes en fleurs à Saint-Agne (Haute-Garonne) — IND. 1914 — Appartient à M. L.
2114 Printemps en Roussillon — 1922.

RANFT (Richard) — 1891 — né à Genève (Suisse) — Suisse. — Petit-Coubert, à Coubert (Seine-et-Marne).

2115 Les étangs d'Aubin — 1905.
2116 Chemin de halage — 1910.
2117 Printemps — 1912.
2118 Matinée de mai — 1920.

2119 Avant le ballet — 1922.
2120 Marguerite — 1923.

RANSON (Paul) — Voir : EXPOSITIONS POSTHUMES.

REAL (Daniel) — 1904 — né à Guitres (Gironde). — 12 *bis*, villa Bocquet (19ᵉ).

2121 Bords de l'Isle après la pluie — IND. 1908.
2122 Marché aux cochons — 1909.
2123 Jour de foire à Guitres — IND. 1910.
2124 Matinée d'août — IND. 1911.
2125 Pointe du Raz — 1913.
2126 Cap de la chèvre — 1924.

REDON (Odilon) — Voir : EXPOSITIONS POSTHUMES.

REGO MONTEIRO (Vicente de) — 1912 — né à Recife (Brésil) — Brésilien. — 107, avenue du Maine (14ᵉ).

2127 Tête de jeune homme — 1913.
2128 Tête de femme — 1913.
2129 Tête d'indien — 1914.
2130 Le calvaire — 1922.
2131 L'annonciation — 1923.
2132 Le travail — 1924.

REGOYOS (Dario de) — Voir : EXPOSITIONS POSTHUMES.

RENAUDOT (Paul) — Voir : EXPOSITIONS POSTHUMES.

RENEFER (Raymond) — 1909 — né à Betheny (Marne). — 38, rue de Moscou (8ᵉ).

2133 Le pont de la Tournelle — 1910 — Appartient à la Galerie Danthon.
2134 La Seine au Point-du-Jour — 1911 — Appartient à la Galerie Danthon.
2135 Le Pont-Neuf — 1911 — Appartient à la Galerie Danthon.
2136 L'église de Grenelle — 1910.
2137 Neige boulevard Saint-Jacques — 1926.
2138 L'église des Batignolles — 1925.

RENE-JUSTE (J.-C.) — 1902 — né à Paris. — 95, rue de Seine (6e).

2139 Mon atelier — 1908 — Prêté.
2140 Le moulin de mer — 1909.
2141 Le Trieux — 1910.
2142 La forêt brûlée — 1911.
2143 L'Église de Larchaut — 1914.
2144 Les ruines — 1915 — Appartient à M. V. B.

RENO-HASSENBERG (Mme Irène) — 1908 — née à Varsovie (Pologne) — Française. — 220, boulevard Raspail (14e).

2145 Paysage de Corse — 1907 — Appartient à Mme M. A.
2146 Fuchsias — 1910 — Appartient à M. X.
2147 Bouquet d'acacias — 1913 — Appartient à M. L. L.
2148 Port de Dieppe — 1921.
2149 Bouquet d'automne — 1923.
2150 Un jour de neige à Paris — 1926.

RETH (Alfred) — 1910 — né à Budapest (Hongrie) — Hongrois. — 146, boulevard Montparnasse (14e).

2151 Portrait — 1912.
2152 Une jeune fille — 1912.
2153 Paysage d'Arcueil — 1912.
2154 Nature morte dans une fenêtre — 1913.
2155 Un coin d'atelier — 1913.
2156 Assiette et bol — 1913.

RETIF (Maurice) — 1911 — né à Sancoins (Cher). — 32, rue de l'Orne (15e).

2157 Le mousse — 1913.
2158 Jeune pêcheur — 1913.
2159 Le port de Loguivy — 1914.
2160 Baigneuses — 1922.
2161 Bébé dans son berceau — 1925.
2162 Bébé dans sa voiture — 1925.

REYMOND (Carlos) — 1905 — né à Paris. — 7, rue Daru (8e).

2163 Voiles au sec — IND. 1909.
2164 Les pourpiers — IND. 1911.
2165 Le couvert — IND. 1913.

2166 Florence — 1922.
2167 Bazile — IND. 1925.

REYMOND-DE BROUTELLES (Maurice) — 1904 — né à Genève (Suisse) — Français. — « Clairbois », par Clamart (Seine).

2168 Emile Hennequin (buste marbre poli) — 1892.
2169 Lucie Delarue-Mardrus (buste plâtre colorié) — 1900.
2170 Madame F. N. (buste marbre) — 1914.
2171 Petite-Russienne (peinture) — 1925.

RIBEAUCOURT (Jules) — 1905 — né à Maubeuge (Nord). — 5, rue Nobel (18e).

2172 Une rue d'Audierne — IND. 1907.
2173 Une rue à Ancenis — 1910.
2174 La tour d'Oudon — 1912.
2175 Les moulins de Semur — 1920.
2176 La jetée — 1924.
2177 Le dégel — 1925.

RICHARD (Jules-Gédéon) — 1891 — né à Paris. — 64, rue Rambuteau (3e).

2178 Soleil et brouillard — IND. 1892.
2179 Le nuage — 1895.
2180 Lever de lune — 1900.
2181 Vieux moulin — 1910.
2182 La route (effet de neige) — 1916 — Appartient à l'auteur.
2183 Sainfoin et sanve en fleurs — IND. 1923.

RIGAUD (Pierre-Gaston) — 1907 — né à Bordeaux. — 173, boulevard Péreire (17e).

2184 Les grands pins (matin) — IND. 1908.
2185 Saint-Marc de Venise (intérieur) — 1913.
2186 Saint-Marc de Venise (intérieur) — 1913.
2187 Le palais sur le canal (Venise) — 1913.
2188 Le bouquet de pins — 1924.
2189 Chartres (intérieur) — 1923.

RIJ-ROUSSEAU (Jeanne) — 1911 — Cande (Maine-et-Loire). — 86, rue Notre-Dame-des-Champs (6e).

2190 Le vase — 1914.
2191 Portrait de L. — 1914.

2192 Paysage le soir — 1914 — Prêté.
2193 Nature morte — 1920.
2194 Les courses à Nice — 1922.
2195 Paysage — 1920.

RIOUX (Henri-Ernest) — 1905 — né à Bois-Colombes (Seine). — 32, rue Gabrielle (18e).

2196 Vintimille — IND. 1910.
2197 Rome — IND. 1911.
2198 Effet de neige — IND. 1913.
2199 Etude d'arbre — IND. 1914.
2200 Dans la baie des Trépassés — IND. 1923.
2201 Sous-bois — 1924 — Appartient à M. A. Dreyfus.

RIVAUD (Charles) — Voir; EXPOSITIONS POSTHUMES.

ROBERTY (André) — 1905 — né à Paris. — 59, rue Caulaincourt (18e).

2202 Nu accroupi — 1908.
2203 Nu en plein air — 1908.
2204 Maisons de pêcheurs — 1912.
2205 Le marché de Saint-Tropez — 1921.
2206 Nu — 1922.
2207 Ramatuelbe — 1924.

ROBIN (Maurice) — 1903 — né à Paris. — 19, quai Saint-Michel (5e).

2207 *bis* Notre-Dame (dessin) — IND. 1908 — Appartient à la Ville de Paris.
2207 *ter* Notre-Dame (dessin) — IND. 1908 — Appartient à la Ville de Paris.

ROSEMAN dit JEAN-ROMAN — 1906 — né à Ekaterinoslaf — Français. — 229, boulevard Raspail (14e).

2208 Les Roses — 1911.
2209 Rita — 1913.
2210 Portrait de Mme R. — 1916.
2211 Pré-en-Pail (Mayenne) — 1914.
2212 Montagne d'Aiguebelette (Savoie) — 1923.
2213 Le bouquet d'arbres (Savoie) — 1923.

ROSENSTOCK (Isidore) — 1907 — né à Strasbourg. — 25, rue de Villejust (16e).

2214 Roses — 1913.
2215 Anémones — 1914.

2216 Versailles — 1900.
2217 Anémones — 1925.
2218 Versailles — 1920.
2219 Versailles — 1920.

ROUART (Ernest-Henri) — 1903 — né à Paris. — 40, rue de Ville-just (16e).

2220 Jardin à Melun — 1893.
2221 Paysage — 1895.
2222 Jeune femme couchée — 1901.
2223 Femme nue — 1903.
2224 Esquisse pour une chasse d'Atalante — 1910.
2225 Jeune fille — 1925.

ROUAULT (Georges) — 1905 — né à Paris. — 14. rue La Rochefoucauld (9e).

2226 Lutteur — 1906 — Appartient à M. André Level.
2227 Filles — 1907 — Appartient à la Galerie Pierre.
2228 Baptême du Christ — 1908 — Appartient au docteur Girardin.
2229 Clowns — 1919 — Appartient au docteur Girardin.

ROUBILLOTTE — 1913 — né à Paris.— 8, rue André-del-Sarte (18e).

2230 Vieux toits — 1899.
2231 Chats (croquis) — 1899.
2232 Arrêt buffet — 1901.
2233 Effet de neige — 1909.
2234 Chat — 1921.
2235 Chat — 1921.

ROUQUAYROL (Georges) — 1912 — né à Villefranche (Rhône). — 36 *ter*, rue de la Tour-d'Auvergne (9e).

2236 Dessin — 1913.
2237 Dessin — 1913.
2238 Dessin — 1914.
2239 Dessin — 1914.
2240 Fleurs — 1925.
2241 Etude — 1925.

ROURE (Auguste) — 1907 — né à Avignon. — 3, rue Noël-Bizet, à Avignon (Vaucluse).

2242 Le rocher de la justice et le Rhône — IND. 1907.
2243 Carrière abandonnée — 1912.
2244 Vue sur le Rhône — 1914.
2245 Les frênes et le roc vilain — 1919.
2246 Garrigue — 1920.
2247 Vieille carrière et chênes verts — IND. 1922.

ROUSSEAU (Gabriel) — Voir : GABRIEL-ROUSSEAU.

ROUSSEAU (Henri, dit Le Douanier) — Voir : EXPOSITIONS POSTHUMES.

ROUSSEL (K.-X.) — *Voir supplément.*

ROUSTAN (Emile) — 1902 — né à Pnôm-Penh — Français. — 24, rue Mayet (6e).

2248 Port de Pontrieux — 1910.
2249 Pivoines — 1912.
2250 Paysage dans le Forez — 1914.
2251 Paysage dans le Forez — 1924.
2252 Poisson — 1925.
2253 Fleurs — 1925.

ROUX-CHAMPION (Victor-Joseph) — 1901 — né à Chaumont (Haute-Marne). — 35, rue de Turenne (3e).

2254 Notre-Dame de Paris — IND. 1899.
2255 Canal à Moret-sur-Loing — IND. 1899.
2256 Pont du chemin de fer à Moret-sur-Loing — IND. 1899.
2257 Pommes et citrons — 1907.
2258 Nature morte nappe rouge — 1909.
2259 La route (aquarelle) — S. N. 1923.

RYSSELBERGHE (Théo Van) — 1890 — né à Gand (Belgique) — Belge. — Le Lavandou (Var).

2260 En mer (portrait de Paul Signac) — 1896 — Appartient à M. Paul Signac.

2261 Fillette au chapeau de paille — 1901 — Appartient à l'auteur.

2262 Dame en blanc — 1904.

2263 Portrait de Mlle M. Z. — 1910 — Appartient à l'auteur.

2264 Portrait de l'artiste — 1916 — Appartient à l'auteur.

2265 Après-midi de juin — 1921.

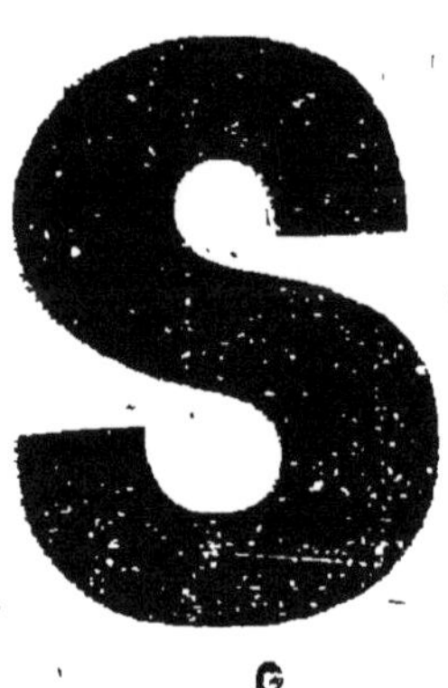

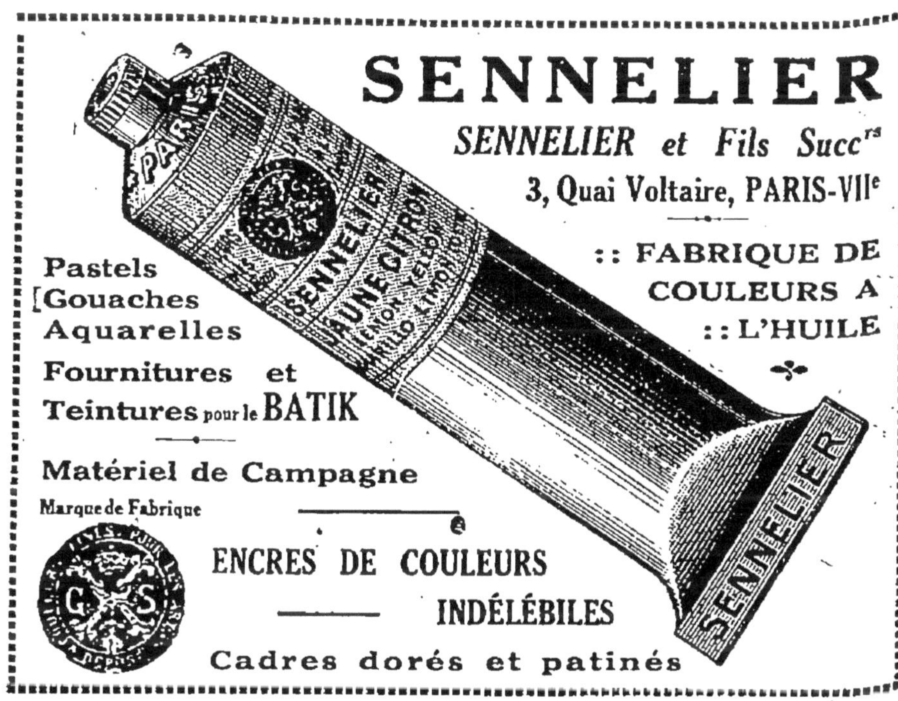
SENNELIER
SENNELIER et Fils Succrs
3, Quai Voltaire, PARIS-VIIe
:: FABRIQUE DE
COULEURS A
:: L'HUILE
Pastels
Gouaches
Aquarelles
Fournitures et
Teintures pour le BATIK
Matériel de Campagne
Marque de Fabrique
ENCRES DE COULEURS
INDÉLÉBILES
Cadres dorés et patinés
PARIS
SENNELIER
JAUNE CITRON
SENNELIER

SAINT-DELIS (René de) — 1905 — né à Saint-Omer (Pas-de-Calais. — Etretat (Seine-Inférieure).

2266 Les digues du Havre — 1910.
2267 Portrait de l'auteur — 1912 — Appartient à l'auteur.
2268 Les baigneurs — 1913.
2269 Fleurs — 1914.
2270 Les pêcheurs — 1922.
2271 Nature morte — 1925.

SAMSON (Gustave) — 1903 — né à Granville. — 63, rue des Juifs, à Granville (Manche).

2272 Nature morte — 1898.
2273 Blanchisseuse — 1903.
2274 Portrait de Mme H. G. — 1910 — Appartient à Mme H. G.
2275 L'infirmière.
2276 Portrait de Mlle Y. T. — Appartient à Mlle Y. T.
2277 Etude — 1914.

SARDIN (Albert-Edmond) — 1902 — né à Arcis-sur-Aube (Aube). — 9, rue Falguière, 15e.

2278 Le corsage vert — 1912.
2279 Nu — 1913.
2280 Sous la tonnelle — 1914.
2281 Chemin creux — 1914.
2282 Pivoines — 1920.
2283 Paysage du Bugey — 1925.

SCHALLER-MOUILLOT (Mme Charlotte) — 1910 — née à Berne (Suisse) — Française. — Saint-Tropez (Var).

2284 Chez l'antiquaire (aquarelle) — 1912.
2285 Nature morte — 1914.
2286 Jardinage — 1925.

SCHNEGG (Lucien) — Voir : EXPOSITIONS POSTHUMES.

SCHOEN (Daniel) — 1905 — né à Mulhouse (Haut-Rhin) — Français. — 21, place de Bordeaux, Strasbourg.

2287 San Giovanni dei Fiori (Rome) — 1910.
2288 Paysage italien — 1911.

2289 La dame en rose — 1913.
2290 Toits dans la verdure — 1923.
2291 Le matin à Juan-les-Pins — 1924.
2292 Convoitise — 1925.

SCHREIBER (Georges) — 1906 — né à Paris. — 3, rue Jules-César, 12ᵉ.

2299 Automne — IND. 1906.
2300 Poirier en fleurs — IND. 1908.
2301 La Seine à Fontaine-le-Port — IND. 1911.
2302 La neige à Chartres — IND. 1914.
2303 Vue sur la Seine — IND. 1923.
2304 Le Pont neuf à Saint-Céré (Lot) — 1926.

SCHUFFENECKER (Claude-Emile) — 1884 — né à Fresne-Saint-Mamès (Haute-Saône). — 108, rue Olivier-de-Serres, 15ᵉ.

2305 Hymne au Soleil — 1912.
2306 Le square — 1885.
2307 Pivoines — 1886 — Appartient à Mᵐᵉ Choquart.
2308 Torse de femme — 1885.
2309 Au bord de l'étang (pastel) — 1917.
2310 Danseuse (pastel) — 1887.

SCHUTZENBERGER (René) — Voir : EXPOSITIONS POSTHUMES.

SEAILLES (Paul) — 1902 — né à Douai (Nord). — 8, rue du Puits-de-l'Ermite, 5ᵉ.

2311 Paysage de matin — 1901.
2312 Femme accoudée — 1904.
2313 Tête de femme (à la plume) — 1906 — Pas à vendre.
2314 Paysanne — 1910.
2315 Tête de femme — 1908.
2316 Tête d'enfant — 1910.

SEGONZAC (André DUNOYER de) — 1907 — né à Boussy-Saint-Antoine. — 13, rue Bonaparte, 6ᵉ.

2316 *bis* Le déjeuner sur l'herbe — 1913.
2316 *ter* La forêt — 1925.

SEGUIN (Armand) — Voir : EXPOSITIONS POSTHUMES.

SEGUIN-BERTHAULT (Paul) — 1909 — né à Châteaurenault. — 68, rue d'Assas, 6ᵉ.

2317 Les roses — 1903.
2318 Le Port Saint-Nicolas (Paris) — 1910.
2319 Le Pont-Neuf — 1914 — IND. 1922.
2320 Le vieux clocher — 1923.
2321 Portrait d'Anatole France — IND. 1923.
2322 Le Ruisseau — 1924.

SELMERSHEIM-DESGRANGE (Mᵐᵉ Jeanne) — 1909 — née à Paris. — 14, rue de l'Abbaye, 6ᵉ.

2323 Tulipes — IND. 1910.
2324 Corbeille de fruits — IND. 1911.
2325 Oranges et livres — IND. 1914.
2326 Thé et fruits — IND. 1921.
2327 Homard et congre — IND. 1923.
2328 Coupe et vases — IND. 1925.

SERENDAT DE BELZIM (Louis) — *Membre fondateur* — 1884 — né à Port-Louis (Ile Maurice). — 97, rue de Rome, 17ᵉ.

2329 Le retour au pays — 1910.

SERMAISE-PERILLARD (Louise) — 1912 — née à Paris. — 7, rue de Lancry, 10ᵉ.

2330 Vase blanc — 1912.
2331 Pommes — 1913.
2332 Chapeau de paille — 1914.
2333 Roses à contre-jour — 1918.
2334 Chapeau vert — 1922.
2335 Pain — 1924.

SERRET — Voir : EXPOSITIONS POSTHUMES.

SERUSIER (Louis-Paul-Henri) — 1895 — né à Paris. — 43, rue de Metz, Courbevoie (Seine).

2336 Arbre jaune — 1911.
2337 Bois rouge — 1911.
2338 Fougères et pins — 1911.
2339 Pins bleus — 1911.
2340 Trois fileuses — 1913.
2341 Brume sur le canal — 1921.

SEURAT (Georges). — Voir : EXPOSITIONS POSTHUMES.

SEVEAU (Georges) — 1910 — né à Poitiers (Vienne). — 91, rue de l'Amiral-Mouchez, pavillon n° 4, 13ᵉ.

2342 Le Quai des Orfèvres — IND. 1910.
2343 La place du Pont-Neuf — IND. 1911.
2344 La Cité — IND. 1913.
2345 La Décharge du quai des Orfèvres — IND. 1914.
2346 La rue Saint-Antoine — IND. 1920.
2347 Saint-Laurent — IND. 1921.

SEVERINI (Gino) — 1907 — né à Cortone (Toscane) — Italien — Semsales (canton de Fribourg, Suisse).

2348 Bohémienne — 1905.
2349 Portrait du peintre Utter — 1909.
2350 Danseuse — 1912.
2351 Expansion centripète-centrifuge —, 1913.
2352 Danse de l'ours, barque à voile — 1913.
2353 Nature morte — 1917.

SEYSSAUD (René) — 1910 — né à Marseille. — Saint-Chamas (Bouches-du-Rhône).

2354 Femmes démêlant des cocons — 1885.
2355 Le talus aux moutons — 1890.
2356 Le cap — 1898.
2357 Soleil déclinant — 1902.
2358 Pleine lumière — 1903.
2359 Après la pluie — 1925.

SHORE (Mlle Bethea E.) — 1906 — née à Cuttack (Indes Anglaises). Anglaise — Windo. Camber. Rye. Angleterre.

2360 Le kimono bleu — IND. 1909.
2361 Printemps — 1912.
2362 Epine noire — 1912.
2363 Diano Castel — IND. 1922.
2364 Le voile rouge — 1923.

SIGNAC (Paul) — *Membre fondateur* — 1884 — né à Paris. — 14, rue de l'Abbaye, 6ᵉ.

2365 La berge (Asnières) — IND. 1886.
2366 Concarneau — IND. 1892 — Appartient au comte Antoine de La Rochefoucauld.

2367 Au temps d'harmonie (décoration pour une maison du peuple) — IND. 1895.
2368 Marseille — IND. 1899 — Appartient à M. Jean Metthey.
2369 Venezia — IND. 1905 — Appartient au docteur Roudinesco.
2370 La Rochelle — IND. 1912 — Appartient au comte Keller.

SIGRIST (Edmond) — 1910 — né à Paris. — 25, rue Dareau, 14e.

2371 Bouquet de roses — 1911.
2372 Barques — IND. 1912.
2373 Intérieur d'église — IND. 1912.
2374 Paysan du Quercy — 1918 — Appartient à Mme J. G.
2375 Bouquet — 1924.
2376 Paysage — 1925.

SILZ (Mlle Edith) — née à Nantes (Loire-Inférieure). — 15, rue Goëthe, 16e.

2377 Fleurs de pommier — 1910.
2378 Les falaises — 1912.
2379 La lande — 1912.
2380 Au réveil — 1914.
2381 Nature morte — 1922.
2382 Nature morte — 1924.

SIMON (Jacques-Roger) — 1906 — né à Paris. — 4, rue Coetlogon, 6e.

2383 Etude — 1904.
2384 Goûter — 1907.
2385 Lilas — IND. 1908.
2386 Oranges et bananes — IND. 1908 — Appartient à M. M. G.
2387 Oranges — 1924.
2388 Coings — IND. 1925.

SMETANA (Léopold) — 1912 — né à Tonnerre (Yonne). — Sainte-Savine (Aube).

2389 Les petits souliers — 1906 — Réservé.
2390 L'étonnante découverte — 1908 — Réservé.
2391 Jeune étudiant — 1910 — Réservé.

2392 Coin d'atelier — 1916.
2393 La page d'écriture — 1920.
2394 Automne — 1924.

SON (Johannès) — 1890 — né à Lyon. — 30, rue Fontaine, 9e.

2395 Les Martigues en Provence — IND. 1898.
2396 Les bords du Suran (Ain) le matin — IND. 1903.
2397 Bords de l'Ain à Pont-d'Ain — IND. 1906.
2398 Le port de Cannes — IND. 1907.
2399 Le dormoir d'Ornans (Doubs) — 1921.
2400 Automne au bord du Suran (Ain) — 1922.

SOULLARD (Louis) — 1901 — né à Saint-Lô (Manche). — 16, rue Brave-Rondeau, La Rochelle (Charente-Inférieure).

2401 Brume d'hiver au Pont-Neuf — IND. 1905 — Appartient à M. Chaigneux.
2402 La Seine à Rolleboise (S.-et-O.) — IND. 1906.
2403 Bords de Seine à Rolleboise — IND. 1906.
2404 Après l'orage à Rolleboise — 1908.
2405 La sablière à Méricourt — 1908.
2406 La Vallée de la Seine à Méricourt — 1917 — Appartient à l'Etat.

SUE (Gabriel) — 1903 — né à Marseille. — Servanches, par Sainte-Aulaye (Dordogne).

2407 Bull — 1904.
2408 Bœufs — 1908.
2409 Marine — 1910.
2410 Dindons — 1911.
2411 Bien-aller — 1911.
2412 Fenaison — 1914.

SUE (Marie-Louis) — 1901 — né à Bordeaux. — 22, avenue Friedland, 8e.

2413 Nature morte au chapeau — IND. 1901 — Appartenant à M. J. M.
2414 Nature morte au manteau vert — 1906 — Appartenant à Mme H. A.
2415 Femme au turban — 1908 — Appartenant au docteur L.

2416 Tête de femme — 1920.
2417 Port de Bordeaux — 1923.
2418 Figure assise — 1925.

STEINLEN (Théophile-Alexandre) — Voir : EXSOSITIONS POSTHUMES.

STETTLER (Mlle Marthe) — 1905 — née à Berne (Suisse) — Suisse. — 84, rue d'Assas, 6e.

2419 Jour d'été — 1912.
2420 Bal d'enfants — 1913.
2421 La véranda — 1911.
2422 Le chat malade — 1910.
2423 Chat endormi — 1924.
2424 Le jardinet — 1925.

STIVAL (Jean-Alphonse) — 1913 — né à Paris. — 16 *bis*, boulevard Saint-Jacques, 14e.

2425 Port des pêcheurs à Saint-Tropez — 1907.
2426 Vue sur la Trinité-des-Monts (Rome) — 1908.
2427 Villa Borghèse (Rome) — 1908.
2428 La chaise-longue — 1924.
2429 Maison de l'artiste — 1925.
2430 Dans la colline — 1925.

STREIB (Georges-Joseph) — 1906 — né à Paris. — 1 *bis*, rue Friant, 14e.

2431 L'aïeule — IND. 1907.
2432 La Commanderie de Neuilly-s.-Clermont (Oise) monument historique — IND. 1909.
2433 Chaumière normande au crépuscule — IND. 1912.
2434 L'Auvergne pittoresque, place de Parlan (Cantal) — 1920.
2435 Prairie normande — 1922.
2436 Coin normand — 1924.

SURVAGE (Léopold) — 1912 — né à Wilmanstrand — Finlandais. — 30, rue Ernest-Cresson, 14e.

2437 Les usines — 1913.
2438 Les rues — 1914.
2439 Les pigeons — 1914.
2440 Le pont — IND. 1919.

2441 La ville — IND. 1921.
2442 Paysage — 1926.

SYLVANY (Michel) — 1903 — né à Paris. — 55, rue du Cherche-Midi, 6e.

2443 Nocturne — IND. 1903.
2444 Masque — IND. 1903.
2445 La chiffonnière — IND. 1907.
2446 Trois gravures en un seul cadre :

1° Judith (litho) — IND. 1911.
2° Femme au miroir (eau-f.) — IND. 1912.
3° Sonia (eau-forte) IND. 1914.

2447 Couverture pour la *Genèse* (bois gravé) — 1918 — 1924.
2448 Le voile (tapisserie) — 1922.

SYNAVE (Tancrède) — 1911 — né à Paris. — 41, rue Bayen, 17e.

2449 Impression d'été — 1912.
2450 Dernier tango 1914 (Luna-Park) — 1914.
2451 Scène de revue (Eldorado) — 1911.
2452 Jeunes filles déguisées — 1916.
2453 Fille à l'écharpe bleue — 1913.
2454 Féminité — 1920.

SYROVY (Joseph) —1911 — né à Prerov-sur-Elbe (Tchéco-Slovaquie) — Tchécoslovaque. — 37, rue Lamark, 18e.

2455 Le printemps à Montmartre — IND. 1912 — Appartient à M. E. Cheuille.
2456 Rue des Saules — IND. 1913 — Appartient à M. E. Cheuille.
2457 Vieux moulins de Montmartre — IND. 1912.
2458 Vieille roulotte — 1922.
2459 Les nénuphars — 1923.
2460 Les pêcheurs de Douarnenez — IND. 1925.

TU

TAQUOY (Maurice) — 1905 — né à Mareuil-sur-Ay (Marne). — 9, rue Paul-Louis-Courier, 7ᵉ.

2461 Pommier en fleurs — 1906.
2462 Peupliers — IND. 1910.
2463 Les maquignons — 1906.
2464 Bouleau — 1908.
2465 Ciel — 1920.
2466 Pies — 1924.

TARKOFF (Nicolas) — 1901 — né à Moscou — Russe. — Orsay Seine-et-Oise).

2467 Mi-Carême — 1909.
2468 Place du Maine (jour de soleil) — IND. 1911.
2469 Place du Maine (jour gris) — IND. 1911.
2470 Chats et fleurs — 1915.
2471 Champs en automne — 1919.
2472 Neige dans la vallée — 1925.

TASSENCOURT (Maurice) — 1909 — né à Amiens. — 9, villa Brune, 14ᵉ.

2473 La course — 1913.
2474 La plaine — 1914.
2475 L'âge d'or — 1914.
2476 Le cheval gris — 1923.
2477 Le chasseur de panthères — 1924.
2478 Vision sylvestre — 1925.

TAVERNIER (Hippolyte-Jean) — né à Lyon. — 100, rue d'Assas, et Galerie Morin Benezet, 13, rue de Seine, 6ᵉ.

2479 Femme en rouge — 1912.
2480 Nature morte (la vielle) — 1913.
2481 Nature morte (plâtre).
2482 Eglise et rue à la Chaise-Dieu.
2483 La rue en escalier (Corte, Corse).
2484 Le campanile à Corte.

THIBESART (Raymond) — 1905 — né à Bar-sur-Aube (Aube). — Vaux-sur-Seine (Seine-et-Oise).

2485 Environs de Douarnenez — 1910.
2486 Bords de la Seine (matin) — 1912.
2487 Paysage (pastel) — 1913.

2488 Poirier en fleurs (Evecquemont) — 1914.
2489 Paysage (pastel) — 1924.
2490 Paysage (pastel) — 1925.

THIESSON (Gaston) — Voir : EXPOSITIONS POSTHUMES.

THIOLLIER (Mlle Claude-Emma) — 1905 — née à Saint-Etienne (Loire). — 2, impasse du Vieux-Montaud, Saint-Etienne.

2491 Marguerite — 1910.
2492 Chênes au bord de l'eau (paysage du Forez) — 1911.
2493 Verrières sous la neige (pastel) (paysage du Forez) — 1912.
2494 Printemps (paysage du Forez) — 1920.
2495 L'Annonciation (peinture) — 1925.
2496 Paysanne du Forez pendant la guerre (plâtre patiné — 1915.

TIRMAN (Mme Jeanne-Henriette) — née à Charleville (Ardennes). — 22, rue de l'Yvette, 16e.

2497 Jardin de banlieue, maisons.
2498 Jardin de banlieue, verdures.
2499 Paysage du Midi.
2500 Compotier de pommes.
2501 Compotier de poires.
2502 Paysage de Bretagne.

TOULOUSE-LAUTREC (Henri de)— Voir : EXPOSITIONS POSTHUMES.

TRANCHANT (Pierre) — 1907 — né à Paris. — 59, avenue de Saxe, 7e.

2503 Le paysan — 1904. (Exposition Universelle de Saint-Louis.)
2504 Le chemineau — 1905. (Exposition Universelle de Liége.)
2505 Les enfants — 1914.
2506 La rue des Belles-Femmes — 1925.
2507 Jeune fille — 1925.

TRIBOUT (Georges-Henri) — 1905 — né à Paris. — 4 *bis*, rue E.-Verhaeren, Saint-Cloud (Seine-et-Oise).

2508 Portrait d'E. Verhaeren — 1907 — Appartient à M. V...

2509 Frise décorative — IND. 1909.
2510 Nu — 1912.
2511 Poseurs de rails (eau-forte) — 1914.
2512 Portrait de Mme G. T... — 1923 — Appartient à Mme G. T...
2513 Léda — 1925.

TROCHAIN (Fernand) — Voir : FERNAND-TROCHAIN.

TROCHAIN (Maurice-Pierre) — 1910 — né à Eu (Seine-Inférieure). — 15, rue Bernouilli, 8e.

2514 Paysage (neige) — 1912 — Appartient à l'artiste.
2515 Barques (brume) — 1913.
2516 Falaises (Pourville-sur-Mer) — IND. 1914.
2517 Chaumières (île Bréhat) — 1923.
2518 Marine (île Bréhat) — IND. 1925.
2519 Pont Saint-Michel, Paris (neige) — IND. 1922.

TURIN (André) — 1904 — né à Paris. — 3, rue des Pyramides, 1er.

2520 Ferme à Savigny — 1896.
2521 Martigues (La Targa) — IND. 1909.
2522 Torre del Greco — IND. 1910.
2523 La Somme à Picquigny — 1911.
2524 Saint-Tropez (les cyprès) — 1919.
2525 Saint-Tropez (le port) — 1925.

URBAIN (Alexandre) — né à Sainte-Marie-aux-Mines. — 21, quai Bourbon, 4e.

2526 Paysage des Vosges — 1901.
2527 Nature morte — 1904.
2528 La baie de Naple — 1909 — Appartient à l'auteur.
2529 Portrait — 1912 — Appartient à Mme U...
2530 Paysage de Saint-Tropez — 1910.
2531 Une rue au Mourillon — 1923.

UTRILLO (Maurice) — 1912 — né à Paris. — 11, avenue Junot, 18e.

2532 Eglise de Fère-en-Tardenois — 1912 — Pas à vendre.
2533 Eglise de Leynes — 1912 — Pas à vendre.
2534 Passage Cottin — 1922 — Pas à vendre.
2535 Eglise Saint-Pierre, à Ortez — 1923.

2536 Eglise Saint-Séverin — 1922.
2537 Restaurant Bibet, à St-Bernard — 1925.

UTTER (André) — 1912 — né à Paris. — 11, avenue Junot, 18e.

2538 Trois nus — 1913 — Appartient à M. Zamaron.
2539 La bibliothèque — 1914 — Appartient à M. Gay.
2540 Peinture — 1913 — Appartient à l'auteur.
2541 Nature morte à la guitare — 1921 — Appartient à M. E. Descaves.
2542 Le clown Charley — 1922 — Appartient à M. d'Hermilliez.
2543 Le Moulin de la Galette sous la neige — 1926.

VW

VAILLANT (Pierre-Henri) — 1906 — né à Paris. — 12, rue de Bagneux, 6e.

2544 Les laveuses à Camaret-sur-Mer — 1907.
2545 Paysan breton — 1909 — Appart. à M. Rouard.
2546 L'enfant au rideau blanc — 1910.
2547 La communiante à Plouévez — 1910.
2548 Pichet blanc et oranges — 1925
2549 La femme au divan bleu — 1925.

VAL (Mme). — 1912 — née à St-Jon. — 96, avenue des Ternes, 17e.

2550 Le petit mendiant — 1908.
2551 Les fruits — 1910.
2552 Les géraniums — 1906.
2553 Jeune fille au ruban bleu — 1910.
2554 Le vase blanc — 1925.
2555 Le vase bleu — 1925.

VALADON-UTTER (Suzanne) — 1911 — née à Bessine (Haute-Vienne). — 11, avenue Junot, 18e.

2556 Le lancement du filet — 1912 — Appartient à l'auteur.
2557 Portrait — 1913 — Appartient à l'auteur.
2558 Portrait de Mme C... — 1914 — Appartient à Mme C. Mori.
2559 Nus (composition) — 1922 — Appartient à l'auteur.
2560 Portrait de Mlle G. C... — 1921 — Appartient à l'auteur.

VALENSI (Henry) — 1907 — né à Alger — Français. — 8, rue de Maistre, 18e.

2561 L'Acropole (essai d'harmonie sur un fond réaliste) 1909 — IND. 1911 — Pas à vendre.
2562 Moscou-la-Sainte (composition dans l'espace) — 1912 — Pas à vendre.
2563 Alger (conception dans l'espace et le temps d'une visite) — IND. 1913 — Pas à vendre.
2564 Constantinople (nouvel essai de peinture musicale dans l'espace) — IND. 1914 — Pas à vendre.
2565 Sur un transatlantique (expression d'un mouvement dans le temps et l'espace) — IND. 1922 — Pas à vendre.

2566 Les derviches tourneurs (expression d'une scène spirituelle dans le temps et l'espace) — IND. 1923 — Pas à vendre.

VALLEE (Ludovic) — 1903 — né à Paris. — 77, boulevard Saint-Marcel, 13e.

2567 Portrait d'homme — 1900.
2568 Le vieux bal Bullier — 1903.
2569 Le jardin du vieux Bullier — 1903.
2570 La musique au Parc Montsouris — 1907.
2571 Les jets d'eau (Parc Montsouris) — 1923.
2572 Au jardin, à Saint-Pierre-en-Port — 1924.

VALLOTTON (Félix) — Voir : EXPOSITIONS POSTHUMES.

VALTAT (Louis) — 1901 — né à Dieppe (Seine-Inférieure). — 32, avenue de Wagram, 8e.

2573 L'Esterel — 1900.
2574 L'Esterel — 1900.
2575 Le mimosa — 1910.
2576 Nature morte — 1923.
2577 Nature morte.
2578 Nature morte.

VAN HASSELT — Voir : HASSELT.

VAN HOUTEN — Voir : HOUTEN.

VAN PARYS — Voir : PARYS.

VAN RYSSELBERGHE — Voir : RYSSELBERGHE.

VASSILIEFF (Marie) — 1909 — née à Smolensk — Russe. — 37, rue Froidevaux, 14e.

2579 Café de la Rotonde.
2580 Paysage.
2581 L'enfant à l'entorse.
2582 Pierrot, sa maman et son chat.
2583 Amitié.
2584 Tête sur fond rouge.

VASTICAR (Mme Germaine) — 1909 — née à Valenciennes — 17, rue Angélique-Vérien, Neuilly-sur-Seine (Seine).

2585 Cheminée. — IND. 1909.
2586 Tryptique — IND. 1910.
2587 Vision — IND. 1911.
2588 Femme — IND. 1923.
2589 Fleurs de palmiers — IND. 1924 — Appartient à M. Léo Marchès.
2590 L'homme à la pipe — 1924.

VELLAY (Maurice) — 1910 — né à Paris. — 56, rue de l'Université, 7e.

2591 Vanité — 1913 — IND. 1914.
2592 La cathédrale de Reims en flammes — 1914.
2593 Fleurs et tête de nègre — 1919.
2594 Fleurs et bijoux — 1923.

VERHOEVEN (Jean) — 1906. — Boite postale 24, Paris, 18e.

2595 Musique mimée — 1907.
2596 Fleurs — 1910.
2597 Paysage du Midi — 1912.
2598 Marocaine — 1912.
2599 Cingalaise — 1913.
2600 Figure — 1923.

VIC (Jean de) — 1912 — né à Veneux-Nadon (Seine-et-Marne). — Aix-les-Bains (Tresserve) (Savoie).

2601 Vue prise sur la Tamise (Westminster) — IND. 1913 — Appartient à M. Rubaud, Café de Paris, à Aix-les-Bains (Savoie).
2602 Usine dans le brouillard (Londres) — IND. 1913.
2603 Les poiriers en fleurs — IND. 1913.
2604 Vue prise à Malabry — IND. 1912.
2605 Le Revard (Aix-les-Bains, Savoie) — 1925.
2606 Le lac du Bourget (Aix-les-Bains, Savoie) — 1925.

VIEILLARD (Emile-Maurice) — 1901 — né au Havre-de-Grâce (Seine-Inférieure). — Beaurepaire, par Criquetot-l'Esnéval (Seine-Inférieure).

2607 Les boueux (rue Caulaincourt, Montmartre) — 1895.
2608 Les fumures du printemps (Normandie) — 1899.

2609 Deux loups — 1906.
2610 Griffons d'arrêt (épreuves de printemps) — 1907.
2611 Lièvre aux corbeaux — 1908.

VILLARD (Antoine) — 1907 — né à Mâcon (Saône-et-Loire) — 4, square Desnouettes, 15e.

2612 Portrait — 1907 — Collection particulière.
2613 Intérieur — 1909 — Collection particulière.
2614 Les boules de neige — 1910.
2615 Jardin à Montmartre — IND. 1911.
2616 Belle-Ile-en-Mer — 1923.
2617 Paris (chemin de fer de Ceinture à Grenelle — Hiver 1924-1925.

VILLERS (Gaston de) — 1912 — né à Bruxelles — Français — 81, avenue Malakoff, 16e.

2618 Baigneuse (mi-corps) — IND. 1921.
2619 Le Kimono rouge — IND. 1922.
2620 Nature morte.
2621 Nu (femme étendue).
2622 Les baigneuses.
2623 Fleurs.

VILLON (Jacques) — 1906 — né à Damville (Eure). — 7, rue Lemaître, à Puteaux (Seine).

2624 Fillette au tub — 1909.
2625 Instruments de musique — 1912.
2626 Portrait — 1913.
2627 Jeune femme — 1914.
2628 Peinture — 1922.
2629 Portrait — 1924.

VIVES-APY (Charles) — 1909 — né à Arles-sur-Rhône. — 9, rue Fénélon, à Marseille (B.-du-R.).

2630 Paysage dans les Alpes — 1904.
2631 Paysage autour d'Aix (Provence) — 1910.
2632 Paysage autour d'Aix (Provence) — 1913.
2633 Paysage autour d'Aix (Provence) —1914.
2634 La Corniche, à Marseille — 1921.
2635 Paysage autour d'Aix (Provence) — 1925.

VLAMINCK (Maurice de) — 1905 — né à Paris. — Chez Bernheim Jeune.

2636 Le pont de Chatou — 1908.
2637 Effet de neige — 1914.
2638 Bord de rivière — 1912.
2639 Fleurs — 1924.
2640 Maisons dans les champs — 1925.
2641 Paysage avec maisons — 1925.

VOGELWEITH (Georges-Adolphe) — 1912 — né à Guebwiller (Alsace). — 11, boulevard de Clichy, 9ᵉ.

2642 Camaret — 1914.
2643 Portrait — 1913. — Appartient à l'auteur.
2644 La Rochelle — 1913.
2645 Montmartre — 1923.
2646 Roses rouges — 1925.

VUILLARD (Edouard) — *Voir supplément.*

VUITTON (Gaston-Louis) — 1907 — né à Asnières-sur-Seine. — 15, rue de la Comète, Asnières-sur-Seine (Seine).

Une vitrine contenant :
2647 Onze flacons divers — 1905 à 1914.
2648 Flacons, brosses, peigne, glaces — 1920 à 1925.

WAROQUIER (Henry de) — 1906 — né à Paris. — 7, place du Panthéon, 5ᵉ.

2649 Le pont Marie (Paris) — 1902 — Appartient à l'auteur.
2650 Le palais royal et la Salute (Venise) — 1913 — Appartient au Musée du Luxembourg.
2651 Paysage au rocher — 1914 — Collection Dreyfous.
2652 Bissone (Italie) — 1920 — Collection Bernier.
2653 L'église d'Entrevaux (Var) — 1920 — Collection Dʳ Girardin.
2654 Moustiers Sainte-Marie — 1922.

WEINBAUM (Albert) — *Voir supplément.*

WEISMANN (Jacques) — 1906 — né à Paris. — 11, boulevard Péreire, 17ᵉ.

2655 Les petits chevaux (Casino de Dieppe (pastel) — 1906.

2656 Le bouquet de violettes (pastel) — 1906.
2657 Buveuse (pastel) — 1910.
2658 Cocher de fiacre parisien — 1910.
2659 Book corner — 1919.
2660 Symphonie en bleu — 1922.

WILLETTE (Adolphe-Léon) — Voir : EXPOSITIONS POSTHUMES.

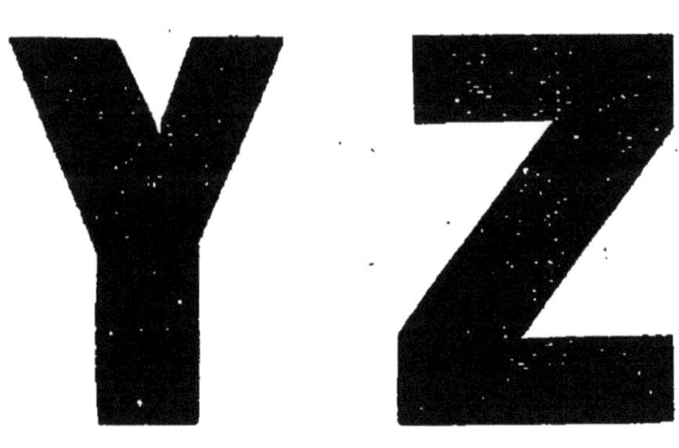
YZ

YSERN Y ALLIE (Pedro) — 1904 — **né à Barcelone — Espagnol.** — 130 *ter*, boulevard de Clichy, 18°.

2661 Danse espagnole — IND. 1913.
2662 Eve — IND. 1912.
2663 Nu — IND. 1908.
2664 Danseuse de music-hall — 1925.
2665 Paysage — 1916.
2666 Paysage et danse — 1924.

ZADKINE (Osip) — 1910 — né à Smolensk. — 35, rue Rousselet, 7°. Rousselet, 7°.

2667 La Sainte Famille — 1912 — Appartient à M. Rodocanachi.
2668 Job — 1914.
2669 Le prophète — 1914.
2670 Vénus — 1912.
2671 Tête (bronze poli) — 1920.
2672 La musicienne — 1922.

ZAK (Eugène) — Voir : EXPOSITIONS POSTHUMES.

ZAVADO (Jean-Waclaw) — 1913 — né à Horochów (Pologne) — Polonais. — 8, rue de la Grande-Chaumière, 6°.

2673 Portrait de M. P... — 1914 — Collection de M. B.
2674 Paysage — 1913.
2675 Nature morte — 1914.
2676 Nature morte — 1924.
2677 Intérieur — 1921.
2678 Nature morte — 1925.

ZAWADZINSKI (Czeslaw) — 1907 — né à Varsovie — Polonais. — 65, boulevard Arago, 13°.

2679 Bananes — 1912.
2680 Dame en bleu — 1913.
2681 Dame en vert — 1914.
2682 Portrait de Mme Z... — 1919.
2683 Portrait de Mme K... — IND. 1925.
2684 Portrait de Mme Z... — 1925.

ZEZZOS (Georges) — 1907 — né à Venise (Italie) — Français. — 42, rue Liancourt, 14°.

2685 Fillette de treize ans (nu) — 1908.
2686 Judith (nu) — 1911.

2687 Femme blonde (nu) — 1914.
2688 Portrait de Mme Z... — 1923 — Appartient à l'auteur.
2689 Pâtre landais — 1923.
2690 Paysan landais — 1923.

ZINET (André) — 1912 — né à Lausanne — Suisse — 2, rue Lamarck, 18e.

2691 Nature morte (les œufs rouges) — 1912.
2692 Nature morte (pommes et roses — 1912.
2693 Nature morte (le bouquet) — 1914.
2694 Paysage (oliviers en Provence) — 1920.
2695 Paysage (oliviers en Provence) — 1920.
2696 Portrait (jeune fille provençale) — 1922.

ZULOAGA (Ignacio) — 1892 — né à Eibar (Espagne) — Espagnol. — 54, rue Caulaincourt, 18e.

2697 Le picador El Coriano — 1895 — Appartient à M. Dethomas.
2698 Candida — 1903 — Appartient à Mme Paz de Gainza.
2699 Une gitane — 1905 — Appartient à Mme Hermant.
2700 Najera (Espagne) — 1912 — Appartient à Mme Santamarina.

SUPPLÉMENT

(Artistes vivants)

ANDRE (Albert) — 1894 — né à Lyon. — 4, rue Duperré, 9e.

2701 Nu — 1905.
2702 Intérieur — 1897.
2703 Nature morte — 1910.
2704 La place Pigalle — 1925.
2705 Portrait — 1925.

ANQUETIN (Louis) — 1888 — né à Etrépagny (Eure). — 62, rue des Vignes, 16e.

2706 Portrait du poète Paul-Napoléon Roinard — 1886 — Appartient à M. P.-N. Roinard.
2706 *bis* Portrait du poète Paul-Napoléon Roinard (étude) — Appartient à M. P.-N. Roinard.

BELLAN (Gilbert) — 1906 — né à Paris. — 7 *bis*, place des Vosges, 4e.

2707 Fleurs — 1905.
2708 Fleurs (peinture à l'eau) — 1910.
2709 Marine (pointe du Raz (peinture à l'eau) — 1913.
2710 La Madeleine (Fêtes de la Victoire) (peinture à l'eau) — 1919 — Appartient au Musée Carnavalet (don de Mme Olivier Sainsère).
2711 Place de l'Opéra (Fêtes de la Victoire) (peinture à l'eau — 1919.
2712 Le Pont Neuf (peinture à l'eau) — 1925.

BESNIER (Fernand-A.-A.) — 1912 — né à Orléans (Loiret). — 14, rue des Fossés-Saint-Jacques, 5e.

2713 Douce journée — avant guerre.
2714 Passe-temps — avant guerre.
2715 Lecture — après guerre.
2716 Au gai soleil — après guerre.

BONANOMI (César) — 1912 — né à Plaisance — Italien. — 12, rue Froidevaux, 14ᵉ.

2717 Soleil d'août 1914.
2718 La sortie de l'église — 1919 — Appartient à M. L.-F. Rouquette.
2719 Le village de montagne. — 1913.
2720 Villefranche — 1912.
2721 La cruche fragile — 1924.
2722 Une rose dans les cheveux — 1925.

BRECQ (Fernand) — 1909 — né à Loudun. — 199, Grande-Rue, à Garches (Seine-et-Oise).

2723 Le saule ensoleillé (Villeneuve-l'Etang) — 1900.
2724 Printemps à Bougival — 1897.
2725 Après-midi (Villeneuve-l'Etang) — 1908.
2726 Rosée du matin (Villeneuve-l'Etang) — 1924.
2727 Effet de brume (Villeneuve-l'Etang) — 1911.
2728 Sous-bois (Villeneuve-l'Etang — 1924.

BRIN (Emile-Quentin) — 1904 — né à Paris. — 4, rue Aumont-Thiéville, 17ᵉ.

2729 Bacchantes —IND. 1903.
2730 Nu au soleil — IND. 1903.
2731 Atalante — IND. 1903.
2732 Sirène jouant avec un poisson volant — 1914.
2733 Etude — 1912.
2734 L'étang (matinée d'automne) — 1915.

CATHOIRE (Paul-Joseph-Canter) — 1910 — né à Saint-Omer (Pas-de-Calais). — 23, rue Boissonade, 14ᵉ.

2735 Le miroir — IND. 1913.
2736 Kerlagat — IND. 1912.
2737 Etude — IND. 1910.
2738 Etude — 1924.
2739 Les noyers — 1924.
2740 Nu — 1924.

CONRAD-KICKERT — 1909. — 18, rue Boissonade, 14ᵉ.

2741 Clair de lune — 1908.
2742 Coucher de soleil — 1908.
2743 Ploumanach — 1913.
2744 Nature morte — 1913.

2745 Un arbre au-dessus du toit — 1914.
2746 La dormeuse — 1918.

COSYNS (Antoine-François) — 1904 — né à Malines (Belgique) — Belge. — 22, rue Monsieur-le-Prince, 6e.

2747 Peinture — 1910.
2748 Peinture — 1911.
2749 Peinture — 1913.
2750 Peinture — après guerre.
2751 Peinture — après guerre.
2752 Peinture — après guerre.

DERAIN (André) — 1905 — né à Chatou (S.-et-O.). — 13, rue Bonaparte, 6e.

2753 Paysage du Pecq — avant guerre — Appartient à M. M. Renou.
2754 Les cobéas — avant guerre — Appartient à M. M.-Paul Guillaume.
2755 Le vase de fleurs — après guerre — Appartient à M. M.-Paul Guillaume.
2756 Paysage du Midi — après guerre — Appartient à M. M.-Paul Guillaume.

DUREY (René) — 1912 — né à Paris. — 4, square Desnouettes, 15e.

2757 Paysage méditerranéen — 1912 — Pas à vendre.
2758 Volterra — 1913 — Pas à vendre.
2759 Naples — 1913 — Pas à vendre.
2760 Nature morte — 1916 — Pas à vendre.
2761 Banlieue de Paris — 1919 — Pas à vendre.
2762 Paysage de l'Ile-de-France — 1925.

GLEIZES (Albert) — 1909 — né à Paris. — 15, boulevard Lannes, 16e.

2763 Paysage — 1901.
2764 Paysage (1910) — IND. 1911.
2765 Les Baigneuses — IND. 1912.
2766 Le dépiquage — 1912.
2767 Peinture pour la gare de M. — 1920.
2768 Peinture à sept éléments — 1925.

GUERIN (Charles) — 1901 — né à Sens. — 1, rue Leclerc, 14e.

2769 Dame au collier mauve — 1910.
2770 L'Italienne au châle — 1911.

2771 La coiffure — 1913.
2772 Intérieur — 1914.
2773 Blonde au foulard rouge — 1923.
2774 Profil — 1925.

HAYDEN (Henri) — 1909 — né à Varsovie (Pologne) — Polonais. — 205 *bis*, boulevard Raspail, 14ᵉ.

2775 Le buveur breton — 1911.
2776 Nature morte — 1914.
2777 Baigneuse — 1923.
2778 Nature morte — 1926.

JOSEPH (Miss Hope) — 1905 — née à Ajmeet (Indes anglaises) — Anglaise. — 115, Gowet St.

2779 La poupée — IND. 1905 ou 1906 ou 1907.
2780 Portrait d'enfant — 1913.
2781 Soleil matinal — 1913.
2782 Les Dahlias — 1922.
2783 Eglise de Quimperlé — 1922.
2784 Portrait — 1923.

JOURDAIN (Francis) — 1901 — né à Paris. — 26, rue Vavin, 6ᵉ.

2785 Paysage (Paris) — 1905 — Appartient à M. F. J.
2786 Paysage (Ile-de-France) — 1910.
2787 Paysage (Méditerranée) — 1911 — Appartient au Dʳ Palazzolli.
2788 Paysage (Méditerranée) — 1911.
2789 Paysage (Méditerranée) — 1911.
2790 Paysage (Méditerranée) — 1911.

JOUSSET (Frédéric) — 1905 — né à Bures (Seine-et-Oise). — 14, rue de Bellechasse, 7ᵉ

2791 Le Grand Marchet — 1925.
2792 Pralognan — 1910.
2793 Jullouville — 1913.
2794 La Grande Casse — 1925.
2795 Ma maison — 1905.
2796 Près d'Asnelles — 1905.

LEGER (Fernand) — 1909 — né à Argentan. — 86, rue Notre-Dame-des-Champs, 16ᵉ.

2797 Paysage — 1906 — Appartient à M. Level.

2798 Les fumeurs — 1911 — Appartient à M. Georges Bernheim.
2799 Paysage — 1913 — Appartient à M. Léonce Rosenberg.
2800 La Ville — 1918-19.
2801 Elément mécanique — 1923 — Appartient à M. Léonce Rosenberg.
2802 Nature morte — Appartient à la Galerie Simon.

PISSARO (Lucien) — 1886 — né à Paris — Anglais. — The Brook, Stamford Brook, London, W-6.

2803 Cathédrale de Gisors — 1883 — Pas à vendre.
2804 Portrait de Jeanne — 1893 — Pas à vendre.
2805 Garden gate — 1894 — Pas à vendre.
2806 Dart mouth from above town — 1924 — Pas à vendre.
2807 Cap Cicié — 1925 — Pas à vendre.
2808 Genêts de Malaginesta — 1925 — Pas à vendre.

ROUSSEL (K.-X.) — 1901. — Chez Bernheim Jeune.

2808 *bis* *a*) Cortège de Bacchus.
2808 *bis* *b*) Fontaine de jouvence — Pas à vendre.
2808 *bis* *c*) Automne.
2808 *bis* *d*) Cueillette de pommes.

SOSSON (Henri-Victor-Léopold) — 1909 — né à Paris. — 67, rue Marianne-Colombier, à Bagnolet (Seine).

2809 Parc à huîtres (Châtelaillon) — 1908.
2810 Environs de Bièvres (S.-et-O.) — 1909.
2811 Eglise de Vauhallan (S.-et-O.) — 1909.
2812 Etude d'olivier — 1911.
2813 Notre-Dame — 1914.

VUILLARD (Edouard) — 1901 — né à Cuiseaux (S.-et-L.). — 26, rue de Calais, 9e.

2814 Portrait de Toulouse-Lautrec — Appartient à M. Maurice Denis.
2815 Peinture.

WEINBAUM (Albert) — 1909 — né à Kamienietz Podolski — Russe. — 115, rue Notre-Dame-des-Champs, 6ᵉ.

2815 *bis* *a*) Composition — 1925.
2815 *bis* *b*) Paysage — 1920.
2815 *bis* *c*) Nature morte — 1919.
2815 *bis* *d*) Portrait — 1912.
2815 *bis* *e*) Nature morte — 1914.
2815 *bis* *f*) Composition — 1913.

Expositions Posthumes

(Artistes décédés)

AGUTTE (Georgette) (Mme Sembat) — 1904 — née à Paris le 17 mai 1867; décédée à Chamonix (Haute-Savoie) le 4 septembre 1922.

2816 Effet de neige à Bonnières — 1918 — Appartient à Mme Hervieu.
2817 Jardin de Bordeaux — 1914.
2818 Nu — 1915 — Appartient à M. Marque.
2819 Alpes pennines (gouache) — 1921.
2820 Nature morte — 1921.
2821 Nature morte — 1921.

BAFFIER (Jean) — né à Neuvy-le-Barrois (Cher) le 18 novembre 1851; décédé en 1921.

2822 La Jeannette (terre cuite estampée) — Appartient à M. Adry.
2823 Le gas Bernard (plâtre) — Appartient à M. Adry.

BERTAUX (René) — 1905 — né à Paris le 22 juin 1878; mort pour la France (tué à Sulzern (Alsace) le 19 juin 1917. — Mme Bertaux, 2, rue Jules-Chaplain, 6e.

2826 Reflet — 1905.
2827 Mer et rochers (groupe de trois études) — 1910.
2828 Mer à Belle-Ile (une étude). — 1910.
2829 La Seine aux Andelys — 1911.
2830 Dunes — 1912.
2831 Mer à Quiberon — 1914.

BLIVES (Roger de) — 1903 — né à Paris le 10 mai 1876 — Mort pour la France (tué à Loos le 9 mai 1915). — 48, rue Fabert, 7e.

2832 Portrait — 1899 — Appartient à Mme de B...
2833 Paysage (montagne) — 1901 — Appartient à Mme de B...
2834 Paysage (montagne) — 1901 — Appartient à Mme de B...
2835 Les peupliers — IND. 1904 — Appartient à Mme de B...

2836 Jardin — IND. 1904 — Appartient à Mme de B...
2837 Portrait de M. M. M... (dessin) — IND. 1904 — Appartient à M. M. M...
2838 Portrait de Mlle Le B... (dessin) — IND. 1904 — Appartient à Mme de B...
2839 L'église de Chisseaux — 1904 — Appartient à Mme de B...
2840 Nature morte à la lampe — 1904 — Appartient à Mme de B...
2841 Nu — 1905 — Appartient à Mme de B...
2842 Nature morte (raisins) — 1905 — Appartient à Mme de B...
2843 Portrait de M. A... — 1909 — Appartient à Mme M. B...

BORGEAUD (Marius) — 1904 — né à Lausanne (Suisse) le 21 septembre 1861; décédé le 16 juillet 1924 — Suisse. — 43, rue Lamarck, 18e.

2844 Intérieur — 1919.
2845 Chambre avec table de toilette — 1911 — Appartient à Jacques Rodrigues.
2846 La mairie — 1913 — Appartient à la famille.
2847 Dîner sur table verte — 1921 — Appartient à la famille.
2848 Le vieux à table — 1922.
2849 Intérieur avec table rouge — 1923 — Appartient à Jacques Rodrigues.

BRAULT (Albert) — 1904.

2850 Figure — Appartient à M. Blot.

BRAQUAVAL (Louis) — né à Lille; décédé en 1919. — 19, rue Caumartin, 9e, Galerie Simonson.

2851 La Porte de Nevers — 1914 — Pas à vendre.
2852 Le concours hippique — 1914.
2853 Place de la Madeleine — 1912.
2854 Aix-en-Provence — 1916 — Pas à vendre.
2855 Martigues — 1916.
2856 La foire — 1900.
2857 Les toits — 1905 — Pas à vendre.
2858 Les toits — 1905 — Pas à vendre.
2859 Paysage — 1908.
2860 Le port de Saint-Valéry — 1902.
2861 Le marché à Aix — 1916.

CARNIEL (Richard) — 1906 — né à Trieste le 4 avril 1868; engagé volontaire, mort pour la France le 7 juin 1915 — Italien irrédentiste. — Mme Lucie Carniel, 85, rue Daguerre, 14e.

2862 Portrait de l'artiste — 1912 — Pas à vendre.
2863 Les canotiers au pont de Cheunevières — 1913.
2864 Hauteurs de Chennevières — 1910.
2865 Buste nu, femme blonde — 1911.
2866 Volupté (nu) (la femme blonde aux violettes) — 1911.
2867 Femme au corail (nu) — 1910.

CEZANNE (Paul) — 1899 — né à Aix-en-Provence le 19 janvier 1839; décédé à Aix-en-Provence le 22 octobre 1906.

2868 L'enfant au chapeau de paille — Appartient à M. Hodebert (Galerie Barbazanges).
2869 Portrait de Mme Cézanne — Appartient à M. Paul Guillaume.
2870 Baigneuses — Appartient à M. Paul Guillaume.
2871 Petit nu — Appartient à M. Paul Guillaume.
2872 L'estaque — Appartient à M. Pacquement.
2873 Pot de fleurs — Appartient à M. Pacquement.
2874 Portrait de Cézanne par lui-même — Appartient à M. Kapferer.
2875 Nature morte — Collection particulière.
2875 *bis* Paysage — Appartient à M. Renou.

CHARON (Luc) — 1893 — né à Paris le 26 avril 1861; décédé le 15 décembre 1923. — 33, rue Jacob, 6e.

2876 Bretagne — 1913 — Appartient à M. X.
2877 Villefranche — 1914 — Appartient à M. X.
2878 Nice — 1914 — Appartient à M. X.
2879 Oignons — 1921 —Appartient à M. X.
2880 Pommes et raisins — 1921 — Appartient à M. X.

COPPENOLLE (Jacques Van) — 1904 — né à Montigny-sur-Loing (S.-et-M.); mort pour la France (disparu au combat de Vauquois).

2881 Paysage — Appartient au Musée de Château-Thierry.
2882 Paysage — Appartient au Musée de Château-Thierry.

CORDEY (Frédéric-Samuel) — 1887 — né à Paris le 9 juillet 1854; décédé à Paris le 18 février 1911. — Représenté par M. H. Cottereau, 24, rue Laffitte, 9e.

2883 Fin de déjeuner — 1885 — Pas à vendre.
2884 Au piano — 1885 — Pas à vendre.

2885 Orientale — 1882 — Pas à vendre.
2886 Paysage — 1897.

COUSTURIER (Mme Lucie) — 1901 — née à Paris le 19 décembre 1876; décédée à Paris le 16 juin 1925.

2887 Promenade au Bois — Appartient à M. X.
2888 Massif de la Jungfrau (soir) — Appart. à M. X.
2889 Saint-Tropez (l'eucalyptus) — Appartient à M. X.
2890 Nature morte — Appartient à Mme X.
2891 Anthémis — Appartient à M. X.
2892 Poivrons et grenades — Appartient à M. X.

CROSS (Henri-Edmond) — *Membre fondateur* — 1884 — né à Douai en 1856; décédé au Lavandou en 1910.

2893 La ferme « Cabasson » — 1893 — Appartient à M. P. S...
2894 Le puits — 1903 — Appartient à M. Edmond Cousturier.
2895 La joyeuse baignade — 1903 — Appartient à M. P. S...
2896 Les excursionnistes (esquisse) — 1905 — Appartient à M. Luce.
2897 La plage de Saint-Clair — 1907 — Appartient à M. P. S...
2898 Le ruisseau de Saint-Clair — 1908.
2899 La vieille darse — 1909 — Appartient à M. P. S...

DELANNOY (Aristide) — 1902 — né à Béthune (Pas-de-Calais) en 1874; mort en 1911. — 44, boulevard Ornano, 18e.

2900 Pierre Maquaire, mineur — 1904.
2901 L'homme au foulard bleu — 1904.
2902 L'enfant à la chaise — 1904 — Appartient à Mme M. D...
2903 L'église d'Etampes.
2904 La maison au bord de l'eau.
2905 Paysan — Appartient à M. Luce.

DORIGNAC (Georges) — 1902 — né à Bordeaux le 8 novembre 1879; décédé à Paris le 21 décembre 1925. — 2, passage de Dantzig, 15e.

2906 La chasse (carton mosaïque) — 1914.
2907 Portrait — 1922.

2908 Dessin — 1924 — Appartient à M. Marcel Bernheim.
2909 Dessin — 19«4 — Appartient à M. Marcel Bernheim.
2910 Portrait d'enfant — 1906 — Appartient à M. Meunier du Houssoy.
2911 Mère et enfant — 1909 — Appartient à M. Meunier du Houssoy.
2912 Fillette en déshabillé — 1906 — Appartient à M. Meunier du Houssoy.

DOUCET (Henri) — 1907 — né à Pleumartin (Vienne); mort pour la France (tué à Hooge (Yser), le 4 mars 1915). — Galerie Vildrac, 12, rue de Seine, 6e.

2913 Place à Florence — 1906 — Appartient à M. G. Duhamel.
2914 Paysage de Provence — 1910 — Appartient à M. Charles Vildrac.
2915 Jeune avignonnaise — 1913 — Appartient à M. Charles Vildrac.
2916 Rochers à Avignon — 1914 — Appartient à M. Charles Vildrac.
2917 Le Rhône à Avignon — 1914 — Appartient à M. Charles Vildrac.
2918 La route — 1914 — Appartient à M. Charles Vildrac.
2919 Tête de femme — Appartient à M. Luce.

DOUROUZE (Daniel-Urbain) — 1905 — né à Grenoble (Isère) le 21 mars 1874; décédé à Paris le 4 décembre 1923. — Représenté par M. Jean Dourouze, 53, rue Saint-André-des-Arts, 6e.

2920 Paysage en Savoie 1923.
2921 En Dauphiné — 1923.
2922 Forêt à Villers-Cotteret — 1910.
2923 Vue de Chaumont — 1922.
2924 Journée grise à Saint-Cloud — 1910.
2925 Le Torrent (Savoie) — 1923.

DUBOIS-PILLET (Albert) — 1884 — **Membre fondateur de la Société, né à Paris en 1844;** décédé le 17 août 1890. — Représenté par M. Cottereau, 24, rue Laffitte, 9e.

2926 Pommes, œufs et poissons — 1884 — Pas à
2927 La voie ferrée — 1885 — Pas à vendre.

DUCHAMP-VILLON (Raymond) — 1906 — né à Damville (Eure) le 5 novembre 1876; mort pour la France le 7 octobre 1918. — Œuvres réunies par les soins de M. Jacques Villon, 7, rue Lemaître, à Puteaux (Seine).

2928 Chanson (sculpture bois) — 1908.
2929 Torse d'homme (terre cuite) — 1910.
2930 Baudelaire (terre cuite) — 1911.
2931 Vasque (pierre) — 1911.
2932 Les amants (bas relief) — 1913.
2933 Cheval — 1914.

DULAC (Charles) — né à Paris en 1865; décédé à Paris en 1898. — M. Paul Jamot, 11 *bis*, avenue de Ségur, 7e.

2934 Château de Vaujours — 1891.
2935 Intérieur d'église (Vézelay) — 1893.
2936 Le canal — 1894.
2937 L'eau et le feu — 1894.
2838 La Pineta de Ravenne — 1897.
2939 Nature morte.

DURAND (Johannès) — 1901 — né à Lyon en 1875; décédé le 29 décembre 1914.

2929 *bis* Au bar — Appartient à M. L. P...

FAUCONNET (Guy-Pierre) — 1906 — né à Chelles en 1882; décédé à Paris en 1920. — Mme Fauconnet, 9, rue Besson, à Chelles (Seine-et-Marne).

2940 Etude d'expression.
2940 *bis* Le chat — 1913 — Appartient à M. Dunoyer de Segonzac.
2941 Vénus — 1919 — Appartient à Mme Fauconnet.
2941 *bis* Paysage.
2942 Le boulevard Montparnasse.
2942 *bis* Nu d'homme.
2943 Nu debout.
2943 *bis* Nus (camaïeu).
2944 Deux nus.
2944 *bis* Etude de dos.
2945 Le chasseur.
2945 *bis* Femme étendue sur le dos.

FILIGER (Charles) — 1889 — né à Thann (Alsace).

2946 La prière (gouache).
2947 Le pauvre chemineau (gouache).
2948 Petit buste de femme (gouache).

FOURNIER (Marcel) — 1902 — né en 1869; engagé volontaire, mor pour la France en 1917.

2948 *bis* Paysage à Nossi-Bé — Appartient à M. Maurice Asselin.
2948 *ter* Paysage — Appartient à M. Fernand Piet.

FRESNAYE (Noël-François-Roger-André de la) — 1909 — né en 1884; décédé en 1925.

2949 *a*) Le cuirassier — 1911.
2949 *b*) Portrait.
2949 *c*) Nature morte — Appartient à M. André Mare.

GOGH (Vincent Van) — 1888 — né à Groot-Zundert (Hollande) le 30 mars 1853; décédé à Auvers-sur-Oise, le 29 juillet 1890 — Hollandais.

2950 Les peupliers à Arles.
2950 *bis* Le vannier — Appartient à M. A. Villard.
2951 Paysage — Appartient à M. Georges Bernheim.
2952 Le bal à Arles — Appartient à Mme Druet.
2953 La carrière — Appartient M. Hodebert (Galerie Barbazanges).
2954 Les souliers — Appartient à M. M. Kapferer.
2955 Portrait de Van Gogh par lui-même — Appartient à M. Maurice Denis.
2956 Paysage — collection particulière.
2957 Les roses — Appartient à M. Bernheim jeune.
2957 *bis* Femme au châle vert (période de Nuémen) — Appartient à M. Le Fauconnier.

GRALLAN (Henri) — 1911 — né à Rennes en 1861; mort à Marseille en 1925. — Envoi de M. Maurice Grallan, 14, rue Ed.-Rostand, Marseille.

2958 Les régates — vers 1895.
2959 Marine (Les Lecques) — vers 1903-1904.
2960 Bruyères en fleurs (Calanque de Sormiac) — vers 1903-1904.

2961 Bruyères en fleurs (Calanque de Sormiac) — 1913.
2962 La Redonne — vers 1914-1915.
2963 Nature morte — 1923.

GONZALEZ (Joan) — 1907 — né à Barcelone; décédé en 1908 — Espagnol.

2964 Peinture — 1902.
2965 Peinture — 1902.
2966 Peinture — 1904.
2967 Peinture — 1905.
2968 Détrempe — 1907.
2969 Gouache — 1907.

GUIET (Jean) — 1904 — né à Paris en 1888; mort pour la France (tué à Morhange en 1914).

2970 La maison du chaudronnier (Bruges) — 1906 — Collection P. L...
2971 Le porche de la cathédrale — 1907 — Collection O. C...
2972 La Manche (gouache) — IND. 1910 — Collection P. L...
2973 La malade — 1910 — Appartient à M. Quesnel.

JONG (Mlle Betty de) — 1906 — née à Paris le 25 mars 1881; décédée à San Francisco le 20 janvier 1916. — Mme de Jong.

2974 Les Bretons — 1906.
2975 Fruits et fleurs — 1912.
2976 Danseuse jaune — 1913.
2977 Une Canaque — 1914.
2978 La femme à l'ombrelle — 1914.
2979 Portrait de Mme X.

JOURDAIN-LEMOINE (André) — 1906 — né à Paris en 1879; mort pour la France (disparu le 29 mai 1918). — Représenté par M. Tabourier, architecte, 9 *bis*, avenue de Paris, à Versailles.

2980 Pivoines — 1905 — Appartient à Mlle L. Remund.
2981 Femme accroupie — 1907 — Appartient à Mlle L. Remund.
2982 Nature morte — 1907 — Appartient à Mlle L. Remund.
2983 Port de Saint-Malo — 1907 — Appartient à Mlle L. Remund.

2984 Le pommier — 1908 — Appartient à Mlle L. Remund.

2985 Le village — 1909 — Appartient à Mlle L. Remund.

2986 Femme se nattant — 1910 — Appartient à M. Tabourier.

2987 Nature morte — 1910 — Appartient à Mlle L. Remund.

LAFONT (Emile) — 1910 — né à Paris le 10 juillet 1853; décédé à Paris le 6 mai 1916. — M. Lafont, 46, rue du Ranelagh, 16e.

2988 Parc Monceau le soir — 1902.
2989 La foire de Neuilly — 1902.
2990 Les Tuileries au crépuscule — 1906.
2991 Bord de la Seine — 1906.
2992 Les Invalides — 1908.
2993 L'Arc de Triomphe le soir — 1908.

LANÇON (Auguste-André) — *Membre fondateur* — 1884 — né à Saint-Claude (Jura) en 1836; décédé à Paris en 1886.

2994 La route de Mouzon (guerre de 1870) — Appartient à M. Luce.
2995 Lionne couchée — Appartient à M. Luce.
2996 Paysage — Appartient à M. Luce.
2997 Lionne debout — Appartient à M. Laporte.
2998 Tigre couché — Appartient à M. Laporte.

LAUNAY (Fabien Vieillard dit) — né à Paris en 1877; décédé à Paris en 1904.

2999 Dessin aquarellé — 1895 — Appartient à Mme Van Loyen.

3000 Les deux amies — 1895 — Appartient à Mme Vieillard.

3001 Au Moulin Rouge (gravure en couleurs) — 1895 — Appartient à Mme Van Loyen.

3002 Trois gravures sur bois en couleurs — 1895 — Appartient à Mme Van Loyen.

3003 Portrait de jeune femme — 1899 — Appartient à Mme Vieillard.

3004 Portrait de la grand'mère de l'artiste — 1899 — Appartient à Mme Vieillard.

3005 Femmes au bord de la mer (esquisse pour une décoration) — 1900 — Appartient à Mme Vieillard.

3006 La fille nue — 1902 — Appartient à Mme Vieillard.

3007 La Pièta Bretonne (nature morte) — 1902 — Appartient à Mme Vieillard.
3008 Tournesol (nature morte) — 1902 — Appartient à Mme Vieillard.
3009 Portrait de la mère de l'artiste — 1903 — Appartient à Mme Vieillard.
3010 Lavoir à Granville — 1903 — Appartient à Mme Vieillard.

LE MARCIS (Comte Eugène-Ernest-Edmond) — 1901 — né au Havre le 4 avril 1829. — 48, rue Saint-Ferdinand, 17e.

3011 Virgile et Dante pénètrent dans le vestibule infernal et y abordent le groupe des poètes antiques.
3012 Les Charnels emportés par un vent furieux, parcourent les vallées infernales.
3013 Les Avares roulent des caisses et divers fardeaux pleins d'or.
3014 Les Coléreux se battent dans des ruisseaux d'eau bouillante.
3015 Les Luxurieux courent par troupes dans des plaines où s'abat une pluie de feu.
3016 Un démon conduisant des diables essaye de repousser Virgile et Dante qui veulent pénétrer dans un nouveau cycle infernal.
3017 Les Fauteurs de discorde. — Bertram de Born, puni pour avoir excité à la guerre familiale, tient sa tête dans sa main.
3018 Le Phlégéton, rivière de sang, tombe de la Terre dans l'Enfer, roulant les images des meurtriers célèbres.
3019 Les Faussaires. — Maître Adam, l'hydropique, et Sinon, le rusé troyen, échangent des injures et des coups.
3020 Le géant Antée, qui est libre, reçoit dans ses bras Virgile et Dante et les dépose sur les glaciers du Cocyte.
3021 Souvenir de la prison de Pise. — Ugolin et ses quatre fils et petits-fils y meurent enfermés.
3022 Dante et Virgile remontent pour sortir de l'Enfer.

LEMPEREUR (Edmond) — né à Oullins (Rhône) en 1876; décédé le 23 novembre 1909. — Représenté par M. Fernand Piet, 35, rue Lamarck, 18e.

3023 Pesage de Longchamp — Appartient à M. Descaves.

3024 Meulan — Appartient à M. Fernand Jobert.
3025 Meulan — Appartient à M. Fernand Piet
3026 Meulan — Appartient à M. Fernand Jobert.
3027 Meulan — Appartient à M. Fernand Jobert.
3028 Foire de Montmartre — Appartient à M. Descaves.
3029 Bord de rivière — Appartient à M. E. Blot.

LEPETIT (Alfred) — 1887 — né à Aumale (Seine-Inférieur) le 8 juin 1841 ; décédé à Levallois-Perret en novembre 1909. — S'adresser à M. A.-M. Le Petit « Clos Pezouillette », à la Frète (S.-et-O.).

3030 Rouen (dessin) — 1873.
3031 Tête de vieille (Neufchâtel-en-Broy) — 1873.
3032 Le crapaud (dessin) — 1874 — Appartient à M. A.-M. Le Petit.
3033 L'arbre cassé — 1876.
3034 L'arbre déraciné — 1876 — Appartient au Dr L...
3035 Lucien Picard — 1877 — Appartient à Mme P...
3036 La mère Trembleuse (dessin) — 1877 — Appartient à M. A.-M. Le Petit.
3037 Le singe malade — 1886 — IND. 1888.
3038 Tête de vieux verrier (père Maxcent) — 1887 — IND. 1890 — Appartient à M. A.-M. Le Petit.
3039 Dreux — 1901 — IND. 1906.
3040 Avignon — 1902 — IND. 1906.
3041 Le repos hebdomadaire — 1906.
3042 Le chiffonnier propriétaire — 1906.
3043 Le rat — 1907 — IND. 1908.
3044 Le cabaret — 1907.

LIZAL (Alex) — 1909 — né à Dax en 1878; décédé en 1913. — Chez M. Hairon, 28, avenue du Parc-de-Montsouris, 14e.

3045 Etude d'automne — 1904 — Pas à vendre.

LOCQUIN (Maurice) — 1911 — né à Nevers (Nièvre); mort pour la France (tué à Sondernach (Alsace) le 23 juin 1915). — Représenté par Mme Van Parys, 21, rue Valette, 5e.

3046 Maison de Nevers — 1911.
3047 Eglise Sainte-Geneviève — 1911.
3048 Des roses — 1912.
3049 Une ferme en Belgique — 1914.
3050 Bruges — 1914.
3051 Paysage — 1914.
3052 Marseille (aquarelle) — 1911.

3053 Nice (aquarelle) — 1911.
3054 Florence (aquarelle) — 1911.
3055 Sceaux (aquarelle) — 1912.
3056 Bruges (aquarelle) — 1912.
3057 Croquis de soldats pendant la guerre — 1914.

MADELINE (Paul) — 1903 — né à Paris le 7 octobre 1863; décédé le 12 février 1920. — 17, quai Voltaire, 7e.

3058 Automne — IND. 1907.
3059 Le moulin par la crue — IND. 1917.
3060 Bretagne — 1911.
3061 Creuse — 1915.
3062 Paysage décoratif — 1913.
3063 Paysage décoratif — 1913.
3064 Creuse — 1912 — Appartient à Mme M...
3065 Corrèze — 1918 — Appartient à Mme M...
3066 Neige à Colmar — 1919 — Appartient à Mme M...
3067 Route de Fresselines — 1908.
3068 La vigne-vierge — 1916.

MARTIN (Jacques) — 1903 — né à Lyon en 1844; décédé en 1919.

3069 Bouquet de lilas — Appartient à Mlle Lucy Gérard.
3070 Soupière et coings — Appartient à Mlle Lucy Gérard.
3071 Dahlias — Appartient à Mlle Lucy Gérard.
3072 Grappes de raisins — Appartient à Mlle Lucy Gérard.
3072 *bis* Portrait de Mlle C...

MAUFRA (Maxime) — 1891 — né à Nantes le 17 mai 1861; décédé en 1918. — Durand-Ruel, 37, avenue de Friedland, 8e.

3073 Paysage, effet de neige — 1890.
3074 Pluie, les rochers noirs de Port-Coton côte sauvage, Belle-Ile-en-Mer — 1905.
3075 Rentrée d'un bateau de pêche, Sables-d'Olonne, jetée de la Chaume — 1905.
3076 Bords du Loir, à Lavardin (Loir-et-Cher) — 1907.
3077 La route ombragée, Cadol (Bretagne) — 1909.
3078 Bouquet de fleurs devant une glace — 1910.

MAURIN (Charles) — 1887 — né au Puy-en-Velay en 1856. — Chez M. Luce, 102, rue Boileau, 16e.

3079 Nu de femme (étude) — IND. 1887.

METTHEY (André-Fernand) — 1901 — né à Laignes (Côte-d'Or) le 4 juin 1871; décédé à Asnières le 31 mars 1920. — Représenté par Mme André Metthey, 16, rue de l'Assomption, 16e.

3080 Une vitrine contenant de 10 à 12 œuvres — 1906 à 1914 — grès, faïences stannifères, terres vernissées.

MILCENDEAU (Charles) — 1902 — né à Soullans (Vendée) en juillet 1872; décédé à Soullans le 1er avril 1919. — Mme Vve Milcendeau, Le Bois-Durand, à Soullans (Vendée); à Paris: 11, rue de la Tour-d'Auvergne, 9e.

3085 La famille vendéenne (dessin) — 1895.
3086 Homme à la bouteille (dessin) — 1896.
3087 Gitane se coiffant (peinture) — 1902.
3088 Paysage à Ledesma (gouache) — 1902.
3089 La partie de cartes (pastel) — 1906.
3090 Le marché à Ledesma (pastel) — 1909.
3091 Les deux sœurs (pastel) — 1909 — Appartient à M. Constant Milcendeau.
3092 L'enfant à la poire (peinture) — 1918.
3093 Petit braconnier à l'affût (peinture) — 1917 — Appartient à M. Constant Milcendeau.
3094 Lavoir à Nantes (peinture) — 1918.
3095 Marais vendéen (grisaille) (peinture) — 1918.

MODIGLIANI (Amédée) — 1907 — né à Livourne (Italie) le 12 juillet 1884; décédé en janvier 1920 — Italien.

3096 Portrait de Juive — 1908 — Appartient au Dr Paul Alexandre.
3097 Portrait au crucifix — 1909 — Appartient au Dr Paul Alexandre.
3098 Le joueur de violoncelle — 1910 — Appartient au Dr Paul Alexandre.
3099 Nu (Jeanne assise) — 1910 — Appartient au Dr Paul Alexandre.
3100 La mendiante — 1910 — Appartient au Dr Paul Alexandre.
3101 Portrait devant un vitrage — 1913 — Appartient au Dr Paul Alexandre.
3102 Portrait de Paul Guillaume — 1915 — Appartient à M. Paul Guillaume.
3103 Portrait de Jean Cocteau — 1916 — Appartient à M. Paul Guillaume.
3104 Dormeuse aux mains derrière la nuque — Appartient à M. Fénéon.

3105 Figure — Appartient à M. Zamaron.
3106 Figure — Appartient à M. Zamaron.
3107 Figure — Appartient à M. Ne[illegible]er.
3108 Portrait de jeune femme — Appartenant à M. Marcel Bernheim.

MORET (Henry) — 1892 — né à Cherbourg le 12 décembre 1856; décédé en 1913. — Chez Durand-Ruel, 37, avenue de Friedland, 8e.

3109 La brume sur la côte de Nevez (Finistère) — 1902.
3110 Saint-Guénolé, la baie — 1904.
3111 La côte sauvage, Ile de Groix — 1904.
3112 Belle-Ile-en-Mer, les aiguilles — 1906.
3113 La vallée de Goulien, près de Pontcroix (Finistère) — 1909.
3114 La pointe du Raz (Finistère) — 1910-1911.

MOURIER (Pierre) — 1910 — né à Paris en 1890; mort pour la France (tué à Mesnil-Saint-Georges le 31 mars 1918). — Chez son frère M. Jean Mourier, 82, rue Legendre, 17e.

3115 Buste du peintre Georges Henry (mort pour la France en Champagne, 1915) — 1910.
3116 Tête d'enfant — 1908.
3117 Chapiteau (pigeons) — 1909.
3118 Buste de Jacques Le Meilleur — 1908.
3119 Dessin — 1910.
3120 Dessin — 1910.

PATERNE-BERRICHON (Pierre Dufour-Rimbaud) — 1903 — né à Issoudun en 1856; décédé à La Rochefoucauld (Charente) en 1922. — Chez M. Boudot-Lamotte, 2, passage Dantzig, 15e.

3121 Portrait d'Isabelle Rimbaud — IND. 1908 — Appartient au Musée du Luxembourg.
3122 Nature morte — 1909 — Appartient à Mme Marguerite Gay.

PERSON (Henri) — 1909 — né à Amiens le 22 juin 1876; décédé à Paris le 6 février 1926. — Chez Mme Person, 48, boulevard des Batignolles, 17e.

3123 Au port, matin — 1908.
3124 Calvaire — 1909.
3125 Toulon — 1911.
3126 Le golfe à travers les Pins — 1920.

3127 La Pouche — 1922.
3128 Pins — 1923.

PICHON (Alfred) — 1907 — né à Angoulême le 21 septembre 1877 : mort pour la France le 9 août 1918. — Mme Pichon, 41, rue Poussin, 16e.

3129 L'église de Varengeville — 1912 — Pas à vendre.
3130 Eglise à Girgenti — 1913 — Pas à vendre.
3131 Le cimetière d'Assise — 1914 — Pas à vendre.
3132 Portrait — 1914 — Pas à vendre.
3133 Le Touquet, lac dans les dunes — 1911 — Pas à vendre.
3134 L'Annonciation — 1913 — Pas à vendre.
3135 Calvaire en Bretagne — 1919 — Pas à vendre.
3136 Phare de l'Ile Bréhat — 1914 — Pas à vendre.

PICHOT (Ramon-Antonio) — 1902 — né à Barcelone le 9 août 1872 ; décédé à Paris le 1er mars 1925 — Espagnol. — 5, rue des Saules, 18e.

3137 Laveuses — 1900.
3138 Intérieur de théâtre populaire en Espagne — 1902.
3139 Porteuse d'eau en Espagne — 1904.
3140 Grenades et pommes — 1910.
3141 Jeune fille à la cruche — 1916.
3142 Piments et raisins — 1920.

PIROLA (René) — né à Paris le 27 juillet 1879 ; décédé à Champagne-sur-Oise le 11 juillet 1912. — Représenté par M. Fernand Pirola, 110, place Lafayette, 10e.

3143 Dieppe — 1902 — Appartient à M. Fernand Pirola.
3144 Canal Saint-Martin — 1902 — Appartient à M. Fernand Pirola.
3145 Mer corse — 1908. — Appartient à M. Fernand Pirola.
3146 Eucalyptus Sidi Bou Saïd — 1908 — Appartient à M. Fernand Pirola.
3147 Vieille rue de Marseille — 1910 — Appartient à M. Fernand Pirola.
3148 Le marché de Marseille — 1910 — Appartient à M. Fernand Pirola.

PIVAND (Henri) — 1903 — né à Paris le 9 décembre 1862 ; décédé à Jouy-la-Fontaine (S.-et-O.) le 23 janvier 1925. — Représenté par

M. Joubert, 2, rue de la Seine, Ile Saint-Germain, à Issy-les-Moulineaux (Seine).

3149 Anémones (nature morte) — 1903.
3150 Nature morte — 1906.
3151 L'artiste par lui-même — 1913 — Appartient à Mme E...
3152 La cour — 1914.
3153 Pot de cuivre (nature morte) — 1922.

POZIER (Jacinthe) — 1888 — né à Paris en 1844; décédé à Eragny en 1915. — Chez M. Jean Muller, 22, place Malesherbes, 17e.

3154 Vallon de Kerviguélen, environs de Pont-Aven — 1911.
3155 Le bois du castel, Pont-Aven — 1913.
3156 Les éléphants, rochers à Trégastel — 1913.
3157 Bords du ruisseau de Pen-an-Roz, à Pont-Aven 1913.

RANSON (Paul) — 1892 — né à Limoges; décédé en 1909. — Mme Ranson, 7, rue Joseph-Bara, 6e.

3158 Enfants — 1896.
3159 Peinture — 1902 — Pas à vendre.
3160 Peinture — 1907.

REDON (Odilon) — né à Bordeaux le 20 avril 1840; décédé le 6 juillet 1916. — Chez M. Ari-Redon, 129, avenue Wagram, 17e.

3161 Le centaure (peinture).
3162 Le char d'Apollon (peinture).
3163 Vase de fleurs (peinture).
3164 Tête, de profil (pastel).
3165 Fleur de sang (pastel).
3166 Monstre (peinture).
3167 Le Médoc (peinture).
3168 Morgat (peinture).
3169 Caliban — 1890 — Appartient à M. Schuffenecker.
3170 Pégase — 1891 — Appartient à M. Schuffenecker.
3171 Golgotha — 1887 — Appartient à M. Schuffenecker.

REGOYOS (Dario de) — 1890 — né à Rivadesella (Espagne) en 1845 — Espagnol — décédé en 1913.

3172 Servantes de Marie — 1896 — Appartient à M. Durio.

3172 *bis* *a*) Sécheresse — Appart. à Mme Verhaeren.
3172 *bis* *b*) Bejar (la promenade) — 1900 — Appartient à M. de Regoyos.
3172 *bis* *c*) La sortie de l'école — 1902 — Appartient à M. de Regoyos.
3172 *bis* *d*) Dégel et fumée — 1900 — Appartient à M. de Regoyos.

RENAUDOT (Paul) — 1907 — Français né à Rome le 29 novembre 1871 ; mort pour la France le 26 octobre 1920. — 22, rue des Fossés-Saint-Jacques, 5e.

3173 La robe rouge — 1912.
3174 Nu — 1913.
3175 Femme assise — 1914.
3176 Femme au lit — 1914.
3177 Femme au miroir — 1914.
3178 Jeune fille — 1917.

RIVAUD (Charles-Magloire) — 1903 — né à Boismorand (Loiret) le 5 avril 1859; décédé le 10 septembre 1923. — Chez M. André Rivaud, 20, rue Truffaut, 17e.

3179 Une vitrine contenant des bijoux et l'épée d'académicien de M. Paul Léon, membre de l'Institut, directeur des Beaux-Arts.

ROUSSEAU (Henri-Julien, dit Le Douanier) — 1886 — né à Laval (Mayenne) en 1844; décédé en 1910.

3182 Eclaireur attaqué par un tigre — Appartient à M. A. Villard.
8183 Le canal — Appartient à M. A. Villard.
3184 La carriole de M. Juniet — Appartient à M. A. Villard.
3185 Singes dans la forêt d'orangers — Appartient à M. A. Villard.
3186 Le repas du lapin — Appartient à M. A. Villard.
3187 Le bouquet de fleurs — Appartient à M. A. Villard.
3188 La noce — Appartient à M. Férat.

SCHNEGG (Lucien) — 1905 — né à Bordeaux en mars 1864; décédé à Paris le 22 décembre 1909. — Mme Vve L. Schnegg, 46, rue Dutot, 15e.

3189 Buste d'homme (marbre).
3190 Buste de jeune fille (marbre).

3191 Fillette pensive (marbre).
3192 Fillette rieuse (marbre).
3193 L'hiver (marbre).
3194 Tête d'enfant, 8 mois (marbre).
3195 Tête d'enfant, 6 mois (marbre).
3196 La Source, figure (marbre).
3197 La République (plâtre).
3198 Aphrodite (bronze vert).
3199 Le Baiser (bronze).
3200 Tête d'enfant, 3 ans (bronze doré).
3201 Vénus (torse) (bronze doré).
3202 Portrait de Mme Lecœur (bronze).
3203 Aphrodite (tête) (plâtre).
3204 Buste de l'artiste par lui-même (plâtre).

SCHUTZENBERGER (René-Paul) — 1902 — né à Mulhouse le 29 juillet 1860; décédé à Paris le 31 décembre 1916. — 2, rue Aumont-Thiéville, 17e.

3205 Ile de France — 1913.
3206 Ile de France — 1916.

SEGUIN (Armand) — 1893 — né à Paris; décédé en 1904. — Représenté par M. Cottereau, 24, rue Laffitte, 9e.

3207 Jeune bretonne — 1893 — Pas à vendre.
3208 Portrait de Mlle V... — 1893 — Pas à vendre.
3209 Portrait de la comtesse d'Hauteroche — 1895 — Pas à vendre.
3210 Eventail — 1895 — Pas à vendre.

SERRET (Charles-Edmond) — 1891 — né à Aubenas (Ardèche). — Chez M. Schuffenecker.

3211 Enfants au jardin.
3212 Enfants dans l'atelier.
3213 Etude de jeune fillette.
3214 Etude de têtes.
3215 Portrait de femme (mine de plomb).
3215 *bis* Trois têtes d'étude (mine de plomb).

SEURAT (Georges-Pierre) — *Membre fondateur* — 1884 — né à Paris le 2 décembre 1859; décédé le 29 mars 1891.

3216 La parade — Appartient à MM. Bernheim-Jeune et Cie.
3216 *bis* Pierrot — Appartient à M. A. L...
3217 Un port — Appartient à M. A. L...

3218 Port-en-Bessin (les grues et la percée) (1888) — Appartient à M. Fénéon.
3219 Port-en-Bessin — Appartient à M. Pacquement.
3220 Fleurs — Appartient à M. Pacquement.
3221 Portrait de la mère du peintre (dessin) — Appartient à M. Fénéon.
3222 Nu (dessin) — Appartient à M. Fénéon.
3223 Dessin — Appartient à M. Hessel.
3224 Dessin — Appartient à M. Hessel.
3225 Dessin — Appartient à M. Hessel.
3226 Dessin — Appartient au Musée du Luxembourg.
3227 Dessin — Appartient au Musée du Luxembourg.

STEINLEN (Théophile-Alexandre) — 1893 — Français né à Lausanne (Suisse) le 20 novembre 1859; décédé à Paris le 13 décembre 1923. — 73, rue Caulaincourt, 18e.

3229 Maisons et groupe de bonnes femmes — 1898 — Appartient à Mme Inghelbrecht.
3230 Femme nue assise — 1898 — Appartient à M. Comiot.
3231 Pierreuse — 1898 — Appartient à M. Comiot.
3232 L'auto rouge — 1898 — Appartient à Mme Masseïda.
3233 Laveuses — 1898 — Appartient à M. d'Alignan.
3234 « Liberté » « Egalité » « Fraternité » — 1898 — Appartient à Mme Masseïda.
3235 Paysage — 1903 — Appartient à Mme Inghelbrecht.
3236 Portrait — 1903 — Appartient à Mme Inghelbrecht.
3237 Etude pour un portrait — 1916 — Appartient à Mme Inghelbrecht.
3238 Baigneuses (aquarelle) — 1920 — Appartient à Mme Inghelbrecht.
3239 Baigneuses (aquarelle) — 1920 — Appartient à Mme Inghelbrecht.
3240 Anémones (aquarelle) — 1920 — Appartient à Mme Inghelbrecht.
3241 Dessins et illustrations pour les Editions d'Art Edouard Pelletan : Ch. Nodier, Anatole France, Jean Richepin — (une vitrine) — Appartient à M. Helleu.

THIESSON (Gaston) — né à Paris. — Galerie Vildrac, 12, rue de Seine, 6e.

3242 L'église de Sainte-Avoye — 1912 — Appartient à M. P. Poiret.
3243 La prairie — 1910 — Appartient à M. P. Poiret.
3244 La baratteuse — 1914 — Appartient à M. Ch. Vildrac.
3245 Portrait de Charles Vildrac — 1919 — Appartient à M. Ch. Vildrac.
3246 Portrait de paysanne — 1919 — Appartient à M. Ch. Vildrac.
3247 Nature morte — 1919 — Appartient à Mme Réal.

TOULOUSE-LAUTREC (Henri de) — 1889 — né à Albi le 24 novembre 1864; décédé le 9 septembre 1901.

3248 La femme au chien à Arcachon — Appartient à M. Hessel.
3249 La toilette — Appartient à M. Hessel.
3250 Mme S..., Vuillard et Vallotton — Appartient à M. Hessel.
3251 Le Salon — Galerie Barbazanges — Appartient à M. Hodebert.
3252 Le Rat-Mort — Appartient à M. Caressa.
3253 Le Moulin Rouge — Appartient à M. J. Laroche.
3254 Dessin — Appartient à M. Hessel.
3255 Dessin — Appartient à M. Hessel.

VALLOTON (Félix) — 1891 — Français né à Lausanne en décembre 1865; décédé à Paris en décembre 1925.

3256 Baigneuse — 1895 — Appartient à M. Paul Vallotton — Pas à vendre.
3257 Baigneuse au rocher — 1909 — Appartient à Mme Félix Vallotton — Pas à vendre.
3258 Femme tenant sa chemise — 1909 — Appartient à Mme Félix Vallotton — Pas à vendre.
3259 Jeune femme lisant — 1910 — Appartient à M. Rodrigues-Henriques — Pas à vendre.
3260 Jeune femme à la chaise — 1910 — Appartient à Mme Druet — Pas à vendre.
3261 L'estuaire à Honfleur — 1911 — Appartient à Mme Druet — Pas à vendre.
3262 Le golf rouge — 1913 — Appartient à Mme Druet — Pas à vendre.
3263 Bateaux à quai à Honfleur — 1913 — Appartient M. J. Rodrigues-Henriques — Pas à vendre.

3264 Portrait de Félix Vallotton — 1914 — Appartient à M. Paul Vallotton — Pas à vendre.
3265 Souvenir des Andelys — 1916 — Appartient à Mme Félix Vallotton — Pas à vendre.
3266 La lettre — 1924 — Appartient à Mme Druet — Pas à vendre.

VAN GOGH (Vincent) — Voir : GOGH.

WILLETTE (Adolphe) — 1890 — né au Camp de Châlons-sur-Marne le 31 juillet 1857; décédé à Paris le 4 février 1926.

3267 Les Conventionnels (décoration de l'ancien Chat-Noir) — Appartient à M. André Langlois.
3268 Les cerises — Appartient à Mlles Hœntschel et Desaille.
3269 La gifle — Appartient à Mlles Hœntschel et Desaille.
3270 La noce — Appartient à Mlles Hœntschel et Desaille.
3271 La veuve de Pierrot — Appartient à Mlles Hœntschel et Desaille.
3272 La vivandière — Appartient à Mlles Hœntschel et Desaille.
3273 La fortune recommandant la Cigale à Thomasset, patron de l'auberge du « Clou » — Appartient à Mlles Hœntschel et Desaille.

ZAK (Eugène) — 1906 — né à Mogibrio le 15 décembre 1884; décédé le 15 janvier 1926 — Polonais. — Mme Eugène Zak, 9, rue de Ridder, 14e.

3274 Tête de femme — 1906.
3275 Tête de femme — 1909.
3276 Le blessé — 1910.
3277 Femme et enfant — 1912.
3278 La baigneuse — 1913.
3279 Le fumeur — 1925.
3280 Jeune garçon — 1925.
3281 L'homme à la pipe — 1925.
3282 Arlequin — 1926.
3283 Le bûcheron — 1926.

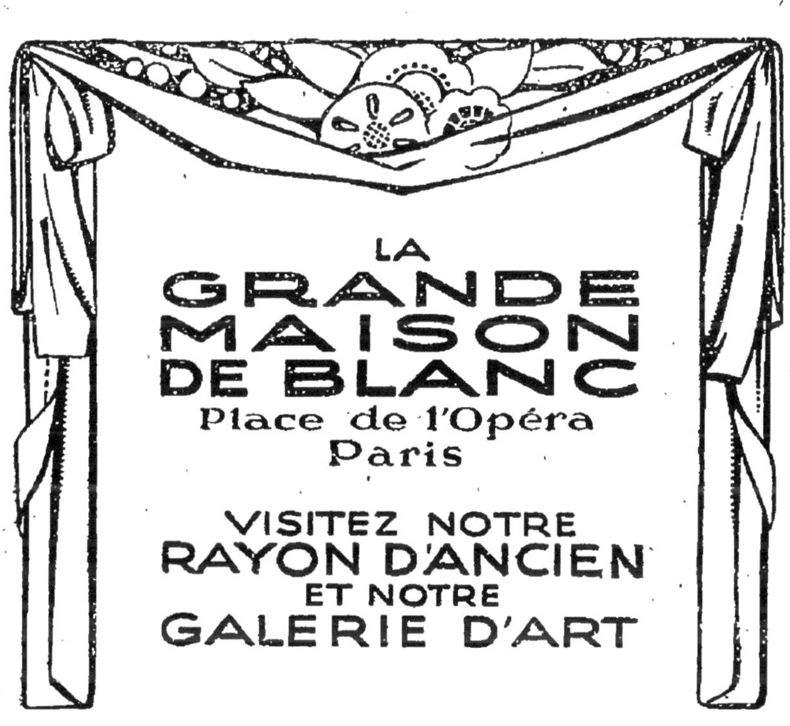
LA
GRANDE
MAISON
DE BLANC
Place de l'Opéra
Paris
VISITEZ NOTRE
RAYON D'ANCIEN
ET NOTRE
GALERIE D'ART

LISTE DES SOCIÉTAIRES
ayant participé aux dix premières Expositions
de la
Société des Artistes Indépendants
1884-1914
(pas d'Exposition en 1885)

---

* *L'astérisque désigne les membres fondateurs.*

ABIT, Armand : 1894.
ADELA-RUMINY (Mme), Héloïse : 1886-87-88-89.
AGARD, Charles-Jean : 1893-94.
ALBERT, Adolphe : 1886-87-88-89-90-91-92-93-94.
ALBERT-ANDRE : 1894.
ALLEMAGNE (d'), Edmond : 1893.
ALVAREZ-DUMONT, Cézar : 1886.
AMBROSELLI, Léon .1892-93.
AMIET, Cuno : 1893-94.
ANDRIEUX, Jules : 1889.
ANGLADE, Jean-Paul : 1886-87.
*ANGRAND, Charles : 1884-86-87-88-90-91-92-93-94.
ANQUETIN, Louis : 1888-89-90-91-92-93.
*ANTHONISSEN, Louis-Joseph :1884.
ARGENCE (d'), Eugène : 1890-91-92-93.
AROSA (Mlle), Marguerite : 1893.
ART (Mlle d'), 1888.
ARTASOF, Lazare : 1894.
ARTHUS, Albert : 1891-92-93.
ASSIGNIES (Baron d'), Albert : 1891-93-94.
ATTENDU, Ferdinand : 1893.
AUBE, Louis-Fernand : 1888.
AUBIN, Paul : 1890-91.
AUTHIER (Mlle), Henriette : 1886-87-88-89-90-91-92-93-94.
AVIGDOR, René . 1893.
AVIGNON (d'), S.-B. : 1893-94.

BADOIS (Mlle), Jeanne : 1893-94.
BAHUET, Alfred-Louis : 1891-92-93-94.
BAIGNERES, Paul-Louis : 1893.
BARABANDY, Richard : 1890-91-92.
BARBEAU, Arthur-Eugène : 1891.

BARBIER, Ernest : 1892-93.
BARKER, Edward : 1886.
BARON, Hélène-Marie : 1888-89-91-92-93.
BARRAU, Lauréano : 1893.
*BASHKIRTSEFF (Mlle), Marie : 1884.
BASTIE : 1893.
*BASTIEN-LEPAGE, Emile : 1884.
BASTON, Alexandre : 1892.
*BATTAGLIA, Mattéo : 1884-92-93-94.
*BAUD-BOVY, Auguste : 1884.
BAUDIN, Félix : 1894.
BAUQUIER, Jules : 1892-93.
BAYLI, Auguste : 1887-88.
BEAUDUIN, Jean : 1888-91.
BEAUFEU, Pierre-Albert : 1893.
BEAUJOINT, Alphonse : 1886.
BEAUNE, Adolphe : 1889.
BEAUVAIS, Emile-Joseph : 1888-89.
BELHOMME, René : 1886.
*BELLANGE, Eugène : 1884-86.
BELLANGER, Auguste : 1888-90-91-92-93-94.
BELON, José-Marie-François : 1887-88.
BENARD (Mme), Marie-Amélie : 1888.
BENEROIS, Henry : 1888.
BENOIST, Théophile-Maximilien : 1888-89-90-91-92-93-94.
BERCIOUX, Jean-Charles. 1890-91-92-93-94.
BERNARD, Emile-H.-A. : 1891-92.
BERNARD, Lucien-St-Fargeau-Eugène : 1890-91-92.
*BERRIAT-BLANC (Mme), Béatrice : 1884-86-87-88-89-94.
BERTHIER, Paul : 1890-91-92-93.
BERTIE (Mlle), Fanny : 1892.
*BERTRAND, Louis-Emile : 1884-87-88-89-91.
BESENVAL (de), Léopold : 1887.
BESSET, Cyrille : 1889-90-91-92.
BESNUS, Georges : 1892-93-94.
BESSET, Cyrille : 1893.
BETTINGER, Gustave : 1888.
BIDER, Jean : 1891.
BIDERMANN, Jean-Antoine : 1892-93.
BIGET, Olivier : 1886.
BLACHE, Charles-Philippe : 1889-90.
BLANC (Mme), Irénée. 1890.
BLANMANGIN, Paul : 1892.
BOCH (Mme), Anna : 1890-91-92.
BOCH, Eugène-Guillaume : 1893.
BOGGIO, Emile : 1893-94.
BOISSE (de), L. : 1893.
BOISSET, Louis-Adrien : 1894.
BOISTEL, Léo : 1891-92-93-94.
BOITELET (Mlle), Marie-Louise : 1891-92-93.
BONFILS, Gaston : 1893-94.
BONNAFFE, Jules : 1889-90-92.
BONNARD, Pierre : 1891-92-93.
BONNEL, Théophile-Michel-Joseph : 1886.

BOTKINE, Théodore : 1894.
BOU-CHAKOUR, Marc : 1891-92-94.
BOUDIER (Mme), Jeanne : 1892.
BOUDROT, Alexis . 1886-88-90.
BOURDAIS (Mlle), Julienne : 1890-91-92-93-94.
BOURDIN, Pierre : 1893.
BOURSEY, Jules : 1886-87-88.
BOURSIN, Edouard : 1886-87-88.
BOUSSENOT, Fernand : 1892-93.
BOUVET, Henry-Marius-Camille : 1892-93.
BRAISCH, Jean : 1894.
BRANDT, Edouard : 1888.
BRANDT, Pierre : 1889-90-91-92-93-94.
BRASS-ITALICO : 1893.
BREMONT, Jean-Louis : 1893-94.
BREMONT (Mme), Marie-Jeanne : 1893-94.
BRESSANT, Paul : 1887-88-89-90-91-92.
BRETHEAU, Félix : 1890-91.
BRIET, Jules : 1887-88-89-90-91.
BRIET, Louis : 1887.
BRINDEAU DE JARNY, Louis-Edouard : 1893.
BRION, Léon : 1890.
BRION, Paul : 1889-90-92.
BROC, François : 1890-91-92-93.
BROCHIOUZ (Mme de), Sporanza : 1888.
BROU (de), P.-C.-Prosper : 1886-87-88-89-90-91-92-93-94.
BROUILLON, Louis-Julien : 1893.
BROUSCH, Jean : 1892.
BRUNET (Mlle), Elisa-Antonine-Marie : 1890.
BRUNET, Eugène : 1890-91-92-93-94.
BRUNET (Mme), Sophie : 1887-88-94.
BUCHANAN (Mlle), Grâce-Gertrude : 1890.
BURAT (Mlle), Alice-Marie-Elisabeth : 1891-92-93-94.
BYR, Hippolyte : 1894.

CADILHON (Mme), Pauline : 1893-94.
CADOUX, Marie-Edme : 1886.
CAILLAUD, Alfred : 1889-90-91-93-94.
CAILLOT, Roger : 1890.
CAIRE, Jean : 1893.
CAMME (Mlle), Lili : 1888.
*CANDELOT, Fulgence : 1884.
CANIVET, Léon : 1891.
*CARABIN, François-Rupert : 1884-86-87-88-90.
CARL ROSA, Mario : 1889-90.
CARLI, Alexandre : 1886-87-88-89.
CARRAZ, Emile : 1892-93.
CARTIER, Eugène : 1888.
CARRERAS DE COMPTE, Jaime : 1893-94.
CARPENTIER, Eugène : 1887.
CASAS, Ramon : 1891-92.
CAULLET, Henri : 1892.
CAUSSAT, Henri : 1889.
CAVALLI, François : 1886-87.

*CAVALLO-PEDUZZI, Emile-Gustave : 1884-86-87-88-89-91-92-93.
CEGRETIN, Paul : 1888.
CHAIGNON, Georges : 1891.
*CHAMPION, Georges : 1884-86-87-89.
CHARNAUD, Charles : 1886-87.
*CHAPOTON, Grégoire : 1884-86-88.
CHARBONNIER, Paul : 1892-93.
CHARLET, Georges : 1893.
CHARMOILLE, André-Edouard : 1890-91-92-93-94.
CHARON, Pierre : 1893-94.
CHARPENTIER, Paul-Alfred-Marius : 1891-92-93.
CHARRIER, Henri : 1893-94.
CHATELLIER, Charles-Edouard : 1892-93-94.
CHAVAGNAT (Mlle), Antoinette : 1890-91-92.
CHAZE, Emmanuel : 1891.
CHEILLEY (Mlle), Jeanne : 1890-91-92-93.
CHEREMETEW, Basile : 1888-89-90-91-92-93-94.
CHEVALIER, Ernest-Jean : 1890-91-92-93-94.
CHEVALLIER, Henri : 1891-92.
CHEVALLIER, Léon-Pierre : 1890-92-93.
CHRETIEN, René-Louis : 1893-94.
CLAIRVAL, H. : 1893.
CLARIS, Gaston : 1892.
CLAUDON, Roger : 1890-92.
CLOUET, Maurice : 1891-92-93-94.
*COEYLAS, Henri : 1884.
COIGNARD, Albert : 1891.
COLAS, Louis-Auguste : 1891-92-93.
COLLIN, Louis-Eugène : 1888-89.
COMBLE, Paul : 1892.
CONSTANTIN, Auguste : 1888.
CORDEMAI, Ernest . 1893-94.
CORDIER, Albert-Louis : 1894.
CORMIER (Mme), Emilie : 1892-93.
CORONT, Lucien-Joseph : 1890-91-92.
CORREJA, Henri : 1893.
*COSTIL, Léonce-Augustin : 1884.
COUGNET, Louis : 1886.
*COX, D. : 1884.
CRETINS DE LA MOUILLERIE, Armand : 1888.
*CROSS, Henri-Edmond : 1884-86-87-88-90-91-92-93-94.
CUVELIER, Alexandre : 1893-94.
CUVILLIER, Eugène-Henri-Ernest : 1889-90-91-92.
CYVOCT, François-Henry : 1888.

DAGNAUX, Albert : 1888-89-90-91-92-93.
DAHL, Charles :1893-94.
DANANCHE (de), Xavier : 1886.
DANIEL-MONFREID, Georges : 1890-91-92-93-94.
DARGERE, Henri : 1888.
DARVIOT, Edouard : 1890-91.
DAUBRON, Emile : 1891.
DAUVERGNE, Louis : 1893-94.
DAVRIGNY, Joseph : 1886-87-88-89-90-91-92-93-94.

DEBRAY, Eugène-Frédéric : 1888-89-90-91-92-93-94.
DECONCHY, Ferdinand : 1889-90.
DEGUERNE, Louis : 1892.
*DEHAISNE, Léopold-Barthélemy : 1884.
*DELACOUR, Hippolyte : 1884-86-87-88-89-90-91-92-93-94.
DELANGLE, Théodore : 1889-90-91.
DELAPORTE, Augustin : 1888.
DELATRE, Auguste : 1886-87-88.
DELATTRE, Joseph : 1888-89.
DELAUNAY (Mlle), Eugénie-Clara : 1886.
DELAURIER, Albert-Melchior : 1892-93-94.
DELAVALLEE, Jules-Henri : 1888.
DELPY, Louis : 1887.
DELSART, Arthur : 1891.
DENIS, Maurice : 1891-92-93-94.
*DEPOLLIER, Aimé : 1884.
DEPRE, Albert : 1886.
DERONDEL (Mme), Marie : 1889-90-91-92-93.
DESBROCHERS, Adolphe : 1894.
DESBROSSES, Jean : 1893.
DESCHAMPS, Frédéric : 1890-91-92.
DESCHAMPS (Mme), F.-Al. : 1890.
DESCHANCIAUX, Jean-Paul : 1886-87.
DESHOCHERS : 1893.
DESLIENS (Mme), Cécile : 1889-90-93.
DESLIENS (Mme), Marie : 1889-90-92-93.
DESPAIGNE, Charles : 1890.
DESPERELLE : 1892.
DESTABLE, Frédéric-Jean-Baptiste : 1891-92-93-94.
DEUBYSSAC, Léon : 1893-94.
DEVARENNE, Edmond : 1893-94.
*DEVINAT, François-Xavier : 1884-86-87-88-89-90-91.
DEWISMES (Mme), Eugénie : 1893.
DEZAUNAY, Emile : 1893.
DEZOBRY, Arthur-Louis-Henri : 1892-93-94.
DIDIOT, Hippolyte-Maurice : 1887.
*DOLLFUS, Charles : 1884.
*DOLLFUS, Lucien : 1884.
*DOLLFUS, René : 1884.
DOMERGUE, Gaston : 1893-94.
DOUTRELEAU (Mme), Agathe : 1892-93-94.
DRAKE, Jean : 1893.
DU BIEF, Georges-Edouard : 1894.
*DUBOIS, Paul : 1884.
*DUBOIS-PILLET, Albert : 1884-86-87-88-89-90-91.
DUFFAU, Pierre : 1891-92.
DUFOUR, Eljis : 1891-92-93.
DULAC, Charles : 1890-91-92-93.
DUMAX, Ernest : 1886-87-88-89-91.
DUMONT, Henri-Julien : 1889-90-91-92-93-94.
DUMOULIN (Mlle), Alexandrine-Jenny : 1892-93-94.
DUPERELLE, Francisque : 1893.

(Voir la suite deux pages plus loin.)

Tableau synoptique des Membres du Comité

portant indication de leurs fonctions et de leur participation aux Expositions de 1884 à 1925

Ph = Président honoraire; P = Président; VP = Vice-Président; S = Secrétaire; SG = Secrétaire général; SA = Secrétaire adjoint; T = Trésorier; CG = Commissaire général; C = Commissaire; Pr = Délégué à la Presse; Pub = Délégué à la publicité: Dsl = Délégué aux séances littéraires; R = Exposition rétrospective.
Les chiffres inscrits dans les cases indiquent les années où les membres étaient en fonction. Les marques grises (IIIIII) indiquent les participations aux expositions.

EXPOSITIONS		1	2	3	4	5	6	7	8	9	10	11	12	13	14	15	16	17	18	19	20	21	22	23	24	25	26	27	28	29	30	Guerre	31	32	33	34	35	36
ANNÉES		1884	86	87	88	89	90	91	92	93	94	95	96	97	98	99	1900	01	02	03	04	05	06	07	08	09	10	11	12	13	14		20	21	22	23	24	25
Guinard	FONDATEURS	P																																				
Dubois-Pillet	FONDATEURS	VP						R	Décédé le 17 août 1890																													
Odilon Redon	FONDATEURS	VP	Décédé en 1916																																			
Honer	FONDATEURS	S																																				
Jaudin	FONDATEURS	S				89	90	91	92	93	94	95	96	97	98	99	1900	01	02	03	04																	
Chapoton	FONDATEURS	84				89																																
Lançon	FONDATEURS	84																																				
Le Natur	FONDATEURS	84																																				
Marietti	FONDATEURS	84																																				
Solvet	FONDATEURS	84																																				
Valton	FONDATEURS	84				P	P	P	P	P	P	P	P	P	P	P	P	P	P	P	P	P	P	P	P	Ph	Ph	R	Décédé le 27 août 1910									
Lechat						VP	Décédé en 1890																															
Davrigny						VP	VP	VP	VP		VP	VP	VP	VP	VP	VP	VP	VP	VP	VP	04	05	Décédé en 1910															
Contrepoid						S	S	S	S	S	S	S	S	Décédé en [illegible]																								
Perrot						S																																
Serendat de Belzim						T	T	T	T	T	T	T	T	T	T																							
Delacour						89	Décédé en 1896																															
Leclère						89																																
Seurat						89	90	91	Décédé en 1891													R																
Signac						89	90	91	92	93	94	95	96	97	98	[illegible]	1900	VP	VP	VP	VP	VP	VP	VP	VP	P	P	P	P	P	P		P	P	P	P	P	P

(Voir la suite deux pages plus loin.)

DUPUY, Emile : 1891.
DUQUENNE, Charles-Alphonse : 1892-93-94.
DURANDEAU, Auguste : 1891-93.
DURANT, Georges : 1891-92.
DURAY, Emile-Arthur-François : 1887-92-93-94.
DURENNE, Eugène : 1892.
DUTHOIT, Adrien-Edouard : 1893.
DUVAL-GOZLAN, Léon : 1890-91-92-93-94.
*DUVAUCHEL, Léon : 1884.
DYKMANN (Mlle), Henriette-Jeanne : 1890.

*ELRY, Jacques : 1884.
ENGEL, José : 1890-91-92-93.
ENGRAND, Georges : 1894.
ESCOSSURA (de), Léon-Y. : 1888-90.
ESPAGNAT (d'), Georges : 1892-93-94.
ESPINET (Mme), Caroline : 1892-93.
ÉTIEVANT (Mlle), Hélène : 1890.
EUSTACHE, Louis-Sylla : 1888-89-91.

FABRE (Mme), Anna : 1888.
FAGET, Jean-Auguste : 1891.
*FAJON, Louis : 1884.
*FANTON, Louis-Joseph : 1884.
FAUCHE, Léon : 1892-93-94.
FAUVEL, Hippolyte : 1887.
FAYNON (Mme), Léonie : 1891.
FILIGER, Charles : 1889-90.
FINCH, A.-W. : 1890-91.
FIRNHABER (Mme), Elise-Désirée : 1894.
FLEURY, Emile : 1891-92.
*FLICK, Auguste-Emile : 1884.
FOLOPPE, Jules : 1894.
FOLEY, Saint-Elme : 1892.
FRANCE (Mme), Louise : 1886.
FRECHON, Charles : 1893-94.
*FREUNDT, Kristian : 1884.
FROIDEVAL, Jules : 1894.
FUCHS, Gustave-Louis-Joseph : 1886-87-88-90-91-92-93-94.
*FULLER, David T. S. : 1884-86-87-88-89-90-91-92-93-94.

GACHET, Paul : 1891-92.
GARNOT, Georges-Sainte-Fare : 1891-92-93-94.
GAUDET, Gabriel-Jean-Baptiste : 1889-91.
GAUSSON, Léo : 1887-88-89-90-91-92-93-94.
GAUTIER (Mme), Gabrielle : 1893-94.
GAUTIER, Georges : 1893-94.
GAUZI, François : 1891-92-93.
GEORGES, Raymond : 1886.
GERARD (Mlle), Gabrielle : 1886-87-88-89-90-91-92.
*GERARD-TRIPLET, Barthélemy-Emile : 1884.
GERMAIN, François-Alphonse : 1893.
GERTHAA (Mme), Marie : 1893-94.

GERVAIS, Robert-Eugène : 1889.
GIBAUT, Maxime : 1889-90-91-92-93-94.
*GIBBON, Joseph. 1884.
GIERCKENS, Edme-Félix : 1893-94.
GILLARD, Georges : 1888-89.
GILLARD, Max-Maximilien : 1886-87.
GILLE, Louis : 1888-89.
GILMER, François-Antoine : 1891-92-93.
GILON, Félix : 1891-93-94.
GINTRAC-JOUASSET, Jean : 1888-89-91.
GIORDANI, Emile : 1893.
GIRAN, Emile-Ernest : 1892-94.
GIRAN, dit GIRAN-MAX, Maxime-Léon : 1890-91-92-93-94.
GIRERD, Charles : 1888.
GIRON, Jean-François-Léon : 1891.
GIVRY, Pierre-Paul-Joseph : 1891-92-93.
GLUCK, Eugène : 1888-90.
GOBILLARD, Paul : 1893.
GOBILLARD (Mlle), Paule : 1894.
GODIN, Rémi : 1892-93-94.
GONDREXON, Paul : 1891-92-93-94.
GORLIN, Eugène : 1892-93.
GOUBOT, Claude : 1886-87-88-89-90-91-92-93-94.
GOURCUFF (de), Gontran-Henri : 1893-94.
*GOURDON, Eugène : 1884-86.
*GOURDON, Jules : 1884-86.
GOUSSAINCOURT (Mme de), Louise : 1891.
GRANDMOUGIN (Mme), Marie : 1889.
GRANDVOINNET (Mme) : 1890.
GRAY (de), Nicolas-Henry : 1886-87-88.
GREILSAMER, Alphonse : 1891-92-93-94.
GREMAIN, Alexis-Désiré : 1890-91-92.
GRENET, Edward : 1893-94.
GRENOTTON DE THOUIN, Paul : 1894.
GRENU (Mlle), Marie : 1888-89.
GREUILLET (Mme), Maria : 1893.
GSELL, Henri-Alfred : 1892-93.
GUEDON, Alfred : 1893.
GUERARD, Amédée : 1892-93-94.
GUERARD, Paul : 1893.
GUERIN, René : 1892-94.
GUERIN DES LONGRAIS, Pierre-Charles : 1887-90-91-92-93.
GUERINOT, Gustave : 1887-88-90.
GUESVILLER, Félix-Alfred : 1893-94.
*GUILLAUMIN, Armand : 1884-90-91.
GUILLARD, Siffren-Alfred : 1886.
GUILLEMINOT (Mlle), Marthe : 1890.
GUILLOT, Jean-Vital : 1890-91-92-93-94.
GUILLOUX, Charles-Victor : 1891-92-93-94.
GUIMET, Jean-Baptiste : 1891.
*GUINARD, Alfred-André : 1884.
*GUINARD (Mlle), Marie-Constance : 1884.

(Voir la suite deux pages plus loin.)

EXPOSITIONS	1	2	3	4	5	6	7	8	9	10	11	12	3	14	15	17	18	19	20	21	22	23	24	25	26	27	28	29	30	Guerre	31	32	33	34	35	36
ANNÉES	1884	86	87	88	89	90	91	92	93	94	95	96	97	98	99	01	02	03	04	05	06	07	08	09	10	11	12	13	14		20	21	22	23	24	25
Tessier					89	VP	91	VP	93	94	95	96																								
N***					89	90									99																					
Goubot						S	S	S	S	S	S	S	S	Décédé		1897																				
Albert (Adolphe)						90	91	92	93	94																										
Luce						90	91	92	93	94	95	96	97	98	99	01	02	03	04	05	06	07	08	VP	VP	VP	VP	VP	VP		VP	VP	VP	VP	VP	VP
Maziès						90																														
Osbert						90	91	92	93	94	95																									
Travers						90	91	92	VP	VP	VP	96	Décédé en		1897																					
Cross							VP	Décédé en 1910 (16 Mai)																												
Duval-Gozian							91	92	93	94	95	96	97																							
Guérin des Longrais							91	92	93	Décédé en 1896																										
Lasellaz							91	92	93				97																							
Monier							91	92	93	94	95	96	97				02	03	04	05											Décédé en 1915					
Toulouse-Lautrec							91	92	93	94							R	Décédé le 9 septembre 1901																		
Vincent (Georges)							91																													
Argence (d')								92	93	94	95	96																								
Caillaud								92																												
Guillaumin (A.)								92	93	94																										
Greilsamer									93	94	95	96	97	98																						
Ibels (H.-G.)									93																											
Berthier																																				
Bonnard																02	03																			
Pozier									93	94	95	VP	VP	VP																						
Truffaut									93	94	95																									
Lottin											95	96																								
Meunié											95	96	S	S																						
Mlle Philibert (de Chalarieux)											95	96			99	01																				

(Voir la suite deux pages plus loin.)

GUINEA, Anselmo : 1892.
GUY, Charles : 1891.

HALLION, Eugène : 1888-90-91-92-93.
HAN, Alfred : 1888.
HARANCHIPY, Alexis : 1893-94.
HARDER, Nicolas : 1893-94.
HARISTEGUY, Auguste : 1891-94.
HAWKINS, Louis-Welden : 1892-93.
HAYET, Louis : 1889.
HEBERT, Edouard-Ernest-Paulin : 1891-92-93.
HENNEIRDA (Mlle), Adrienne : 1893-94.
HERMANN-BLANC, Louis-Marie : 1887-88.
HERMANN-PAUL, Paul : 1892-93-94.
HERVE, Julien-Auguste : 1888-89-90-91-94.
HESBERT (Mme), Emilie : 1891-92.
*HONER, Marie-Edmond : 1884-86-87-88.
HOUDARD, Charles : 1888-90-94.
HUAS, Pierre : 1887-91.
HUBER, Louis-Edouard : 1888-89-90-91-92-93-94.
HUBER, Léon : 1894.
HUTCHINSON (Mlle), Griselle : 1888.
*HUTIN, Charles : 1884.

IBELS, Henri-Gabriel : 1891-92-93.
IKER, Alphonse-Ernest : 1891-92-93.

JABLONSKI, Charles : 1887-88-89-90.
*JAUDIN, Henri : 1884-86-87-88-89-90-91-92-93-94.
JAUFFRET, Félix : 1893-94.
JEANNIOT (Mme), Henriette-Elisabeth : 1894.
JOSSOT, Gustave-Henri : 1893-94.
JOUANNY, Paul : 1892-93.
JOUVE, Auguste : 1893.
JUSSIOME (Mme), Antoinette : 1886-87-88.
JUSSY, Georges : 1890-92.

KATLA (Mlle), Emma : 1887-88.
KIREEVSKY (Mlle), Nathalie : 1890-91-92-93.
KOECHLIN, Oscar : 1893.
KOROCHANSKY, Michel : 1893-94.
KOSLOWSKI, Georges : 1889.
KOURODA, Séiki : 1893.
KOUSZNETSOFF, Dimitri : 1894.
KRASNO, Henri : 1890.
KREUTZER, Alexandre-Ferdinand : 1894.

LACHENY, Edward : 1891-92.
LA CROIX (de), Edgar : 1893-94.
LAGARDE, Lucien : 1891-92-93-94.
LAHENS, Jean-Baptiste-Edmond : 1891.
LAINE, Louis-Armand-Edouard : 1888.
LALANNE, Georges-Eugène : 1886.
*LANÇON, Auguste : 1884.

*LANDRE (Mlle), Louise-Amélie : 1884-93-94.
LANGRONNE, Eugène-Philibert : 1887.
LANOE, Georges : 1891-92-93.
LA ROCHEFOUCAULD (de), Antoine : 1893-94.
LASSELAZ, Gustave : 1888-90-91-92-93-94.
*LATOUCHE, Louis : 1884.
LAUGE, Achille : 1893-94.
LAUNAY (Baron de), Auguste : 1892-93.
*LAVERNE, Louis-Eugène : 1884.
*LAVIALE DE LAMEILLERE, Francis : 1884.
LEBASQUE, Joseph-Henri : 1893-94.
LE BEGUE, René : 1888.
LEBOURGEOIS, Hippolyte-Louis : 1893-94.
Le BRUN, Frédéric : 1886.
LECHAT, Jean-Baptiste-Joseph : 1886-87-88.
LECLERCQ, Théodore : 1892.
LECLERCQ, Timothée : 1891.
LECLERE, Théodore : 1887-88-89.
LECOMTE, Victor : 1889.
LEFEBVRE-LOURDET, Maurice : 1892.
LEFEVRE (Mme), Marguerite : 1893.
*LEGAT, Léon : 1884-86-87.
LEGRAND, Gaston : 1891.
LEGUAY, Charles-Henri : 1892-93-94.
LEGUAY (Mme), Marie : 1889.
LEHEUTRE, Gustave : 1893.
LEJEUNE, Edouard-Engel : 1891-92-93-94.
LEMAITRE, Gustave : 1894.
LEMANCEAU, Louis : 1886-87-88.
LEMMEN, Georges : 1889-90-91-92.
*LE NATUR, Maurice-Jules : 1884.
LEOTHAUD, Jeanne-Emilie-Marie : 1893.
LE PAN DE LIGNY, Joseph : 1894.
LE PETIT, Alfred-Achille-Alexandre : 1887-88-89-90-91-92-93-94.
LEROY SAINT-HUBERT, Charles : 1888.
LESCAFETTE, Charles-Joseph : 1886-87.
LESSEUX (Mme de), Thérèse : 1891.
LESSORE, Henri-Emile : 1891-92-93-94.
LE TOURNEUR, Charles : 1886.
LE VILLAIN, Ernest-Auguste : 1891-92-93.
LEWISOHN, Raphaël : 1893-94.
LHUER, Jules-Jean : 1887-88-91-92-93.
LIASSE, Jules : 1893.
LOISEAU, Gustave : 1893-94.
LOMBARD, Gaëtan : 1892-93-94.
LONGEVILLE (de), Eugène : 1887-88-89-90.
LONGUEVILLE, Marcel : 1893.
LORIN, Georges : 1892.
LOTTIN, Frédérick-A. : 1892-93-94.
LOZOUET, Jean-Hippolyte : 1893-94.
LUCE, Maximilien : 1887-88-89-90-91-92-93-94.
LYNCH, Henry : 1890.
LYONNET, Henry : 1891-92.

(*Voir la suite deux pages plus loin.*)

EXPOSITIONS	1	2	3	4	5	6	7	8	9	10	11	12	13	14	[illegible]	16	17	18	19	20	21	22	23	24	25	26	27	28	29	30	Guerre	31	32	33	34	35	36
ANNÉES	1884	86	87	88	89	90	91	92	93	94	95	96	97	98	[illegible]	[illegible]	01	02	03	04	05	06	07	08	09	10	11	12	13	14		20	21	22	23	24	25
Lemaitre (Gustave)												96	97																								
Massoul												96																									
Bonfils (G.)													97	98																							
Dumont (H.)													97																								
Ottoz													97	S	99		T	02	03	VP	05	06				10	11	12									
Roy													97	98	99		Décédé en 1907																				
Sonnier													97	98																							
Trouillebert													97	98		Décédé en 1900																					
Séguin															S	S	S	S	S	S	S	S	S	S	S	S	S	S	S	S	Décédé en 1923						
Lescaffette															T																						
Charmoille															99		01	02	Décédé en 1911																		
Gauteri (de)															99	VP	VP																				
Hélis															99		SA	SA	SA																		
Morin															99	T																					
Périnet															99		01	02	03	T	T	T	T	T	T	T	T	T	T	T							
Mme Pellay (dite Jean de Chaville)															99		01																				
Poulain															99		01	02	03	04	05	06	07	08	09	10	11	12	13								
Merodack-Jeanneau															99		Décédé en 1919																				
Rousseau (H.)															99												R	Décédé en 1910									
Battaglia																	01																				
Baudin																	01	02	03	04	05	06	Décédé en 1907														
Cézanne																	01	02	03	Décédé en 1906 (22 Octobre)																	
Girard																	01																				
Schuffenecker																	01																				
Rochefoucauld (de La)																		T	03																		
Agard																		02	03	04	05	06	07	08													
Denis (Maurice)																		02	03	04	05																

(Voir la suite deux pages plus loin.)

MABILLE-PANZEL (Mme), Marie : 1891.
MADIOL, Adrien-Jean : 1890-91-92.
MAGLIN, Firmin : 1894.
MAGNE (Mlle), Delphine : 1890-93-94.
MAILLARD, Th. : 1892.
MAISONNEUVE, Paul : 1891-92.
MALASSEZ (Mme), Jeanne : 1891-92-93.
MALLET, Joseph-Xavier : 1886-87-88.
MALVAL (de), Edouard : 1889-90-91-92.
MANGE, Joseph-Julien : 1893-94.
MANGIN, Marcel : 1892-93-94.
MANSON, Frédéric : 1887.
*MARC, Eugène : 1884.
MARC B (Mme), Mathilde : 1890-91-92-93.
MARECHAL, Paul-Emile : 1888.
MAREY (Mlle), Blanche : 1890.
*MARIETTI, Ernest : 1884.
MARINELLI, Joseph : 1888.
*MARINIER, Jules : 1884-86-87-88.
MARY, Charles : 1887.
MARTIN-BRETON, Paul-Albert-Ludovic : 1891.
*MARTINET, Paul : 1884.
MARTY, Henri : 1893.
MASSON, Arthur-Edmond-Félix : 1894.
MASSOUL, Félix : 1893-94.
MATHIEU (Mlle), Marie-Alexandrine : 1889-91-92-93.
MATHURINI, Magi : 1891.
MAUFRA, Maxime : 1891-92-93.
MAUPASSANT (de), Gustave : 1886-87-88.
MAURIN, Charles : 1887-88.
MAUVOISIN, Louis-Francis : 1893.
MAX-GILLARD, Charles-Joseph : 1888.
MAYEUX, Paul-René : 1894.
MAZADE (de), Alexandre : 1891-92-93-94.
MAZIES, Victor : 1888-89.
MEIFREN, Elisco : 1892.
MENAGER, Henri : 1886.
MERCIER, Paul-Joseph-Marie : 1892.
MERY, Paul : 1888.
*MES, Constant-François . 1884.
MESLEY, Marius-Eugène : 1894.
*MESPLES, Paul-Eugène : 1884-91-92-93.
MESUREUR, Noé-Pierre-Bernard : 1888-90-92.
*METEYE, Henri : 1884-89-91.
MEUNIE, Paul-Henry : 1892-93-94.
*MEYER, Emmanuel : 1884-88.
MEYNIER, Georges : 1894.
*MEZ (Mme), Jeanne : 1884.
MICHON, Edouard-Michel-Henri : 1892-93-94.
MILLET, James : 1889-90-91-92-93.
MIROL, Michel . 1890-91-93-94.
MODERAT, Edouard : 1893.
*MONCINY, Georges-Paulin : 1884.
MONIER, Camille : 1889-90-91-92-93-94.
*MONTFORT (de), Ernest : 1884.

MONTIGNY, Jules-Léopold : 1886-87-88-89-90-91.
MONTIGNY (Mme), Léonie : 1886-87-88-89-90-91.
MOREL, François-Victor : 1891-92.
MORET, Henry : 1892-93-94.
MORICE, Félix-Emile : 1886-87.
MOROT, Victor-Paul-Ernest : 1892-93-94.
Morren, George : 1893.
MOSTERMAN, Louis : 1888-89-90-91-92-93-94.
MOUCLIER, Marc : 1893.
MOUILLARD, Alfred : 1888-89-91-93.
MOUILLARD, Lucien : 1886-92.
MOULINET, Edouard-Joseph : 1887.
*MORIN, Charles-Camille : 1884.
MULLER, Marc-Térence : 1893.
*MURI, Auguste : 1884-86.
MYON, Lucien : 1892.

NARDI, François : 1892-93-94.
NAVEAU, Pierre : 1886.
NERON-DUVERGER, Maurice-Alexandre : 1892.
NEYMARK, Gustave : 1892.
*NEYRAC, Henri : 1884.
NICOLAS, Auguste-Eugène-Marie : 1892.
NOBLE-PIZEAUD (Mme), Claire-Julienne : 1893.
NOEL, Louis ; 1887.
NOEL, Paul : 1892.
NORDEZ, Jules-Romain : 1889.
O'CONNOR, Roderic : 1889-90-92-93.
*ODILON REDON : 1884-86-87.
ODY, Eugène : 1894.
*OLIVETTI (Mme), Madona : 1884.
OSBERT, Alphonse : 1889-90-91-92-93-94.
OSBERT, Edmond : 1892.
OTTOZ, Emile-René : 1893-94.
*OURY, Léon-Louis : 1884.

PAPEGAY (Mme), Alexandrine : 1890.
PAQUEAU, Gaston : 1892.
PARADIS, Adrien : 1891.
PARISOT, Emile : 1888.
PARISOT, Stanislas : 1892.
PARMEGIANI, Emmanuel : 1890.
PARPALET, B. : 1888.
PASCAL, Paul : 1892-93.
PASSE, Jean : 1893.
*PAUMEN, Nicolas : 1884.
PELEZEWSKY, André-Charles-Victor : 1892.
PELIN, Gabriel : 1886.
*PELISSIER, Jean-Joseph : 1884-87-88-89.
PELLETIER-FROMENTIN (Mme), Olympe-Eugénie : 1890-91.
PELOVY . 1893.
PENICAUT, Louis : 1893-94.

(Voir la suite deux pages plus loin.)

EXPOSITIONS	1	2	3	4	5	6	7	8	9	10	11	12	13	14	[illegible]	16	17	18	19	20	21	22	23	24	25	26	27	28	29	30	Guerre	31	32	33	34	35	36
ANNÉES	1884	86	87	88	89	90	91	92	93	94	95	96	97	98	[illegible]	[illegible]	01	02	03	04	05	06	07	08	09	10	11	12	13	14		20	21	22	23	24	25
Ranson (P.-E.)																		02	03	Décédé en 1909																	
Sérusier																		02	03																		
Boisgontier																			T																		
Matisse (Henri)																				SA	05	06	07	08	09	10	11										
Laprade																				04	05	06	07	08	09	10	11	12									
Lebasque																				04	05	06	07	08	09	10	11	12									
Marquet																				04	05	06	07	08	09	10	11	12									
Paviot																				04	05	SA	VP	VP	VP	VP	VP	VP	VP	VP							
Piet																				04	VP	VP	07	08													
Ott (Lucien)																				04																	
Guérin (Ch.)																					05	06															
Manguin																					05	06	07	08	09	10	11	12									
Deltombe																						06	07	SA	SA	SA	SA	SA	SA	SA		20	21				
Lempereur																						06	07	08	09	Décédé en 1910											
Marque (Albert-H.)																						06	07	08	09	10	11	12	13	14							
Cariot																							07	08	09	10	11										
Madeline																							07	08	09	10	11	12	Décédé en 1920								
Paterne-Berrichon																							07	08	09	10	11	12	Décédé en 1922								
Klingsor																									09	10	11	12	13	14							
Hermann-Paul																									09	10	11										
Janssaud																									09	10	11	12	13	14		CG	C	C	23	24	25
Turin																											11	12	13	14		20	21	22	23	24	25
Chénard-Huché																												12	13	14							
Roustan																												12	13	14							
Barat-Levraux																													13	14							
Challié																													13	14							
Dorignac																													13								

(Voir la suite deux pages plus loin.)

PERCHE BOYER (de la), Hippolyte : 1893-94.
PERRAT, E.-Maurice : 1894.
PERREY, Louis : 1894.
PERRIER, Alexandre-Denis : 1891-92-93-94.
PERROT, Charles-Claude (dit Gustave) : 1886-87-88-89-90-91-92.
PERROT, Jean-Baptiste : 1892.
PERROTIN, Henri : 1890-91.
PERROUDON, Lucien : 1887-88.
PETINIAUD-DUBOS, Charles : 1891-92-93.
PETITJEAN, Hippolyte : 1891-92-93-94.
PHILIBERT (Mlle), Marie : 1892-93-94.
PHILT (Mme), Marie : 1891.
*PICARD, Edmond-Marie-André : 1884-86-87-88.
PICARD, Jules : 1892-93-94.
PICARD, Robert : 1890.
PICARD-FOUBERT, Elie-Ernest : 1888-89-90-92.
PICQUEFEU, Roger-François : 1892-93.
PIERDON, François : 1886.
PIERRET (Mlle), Gabrielle : 1894.
PIERREPONT, Cléry : 1888-89-90-91-92-93.
PIET, Fernand : 1893-94.
PILLET (Mlle), Célina : 1893-94.
PINEAU, Joseph-Casimir : 1889.
PIPARD, Charles : 1886.
PISSARRO, Lucien : 1886-87-88-89-90-91-92-93-94.
*PITARD, Ferdinand : 1884.
PITOY, Alfred-Charles : 1890-91-92.
PLIVARD, Edouard : 1894.
PLOUSEY, Henri-Gabriel : 1887.
*POISSON (Mme), Léonide : 1884.
POLACK, Emile-Ferdinand : 1891-94.
PONS, Marius : 1886-87-90.
POTTER, Adolphe : 1891-93-94.
POTTER, Maurice : 1893-94.
POZIER, Jacinthe : 1888-89-90-91-92-93-94.
PRAT, Henri : 1890.
PREAUX, Philippe : 1891.
*PREBET (Mme), Elise : 1884.
PRESSEQ, Henri-René : 1890.
*PRESSIGNY, Jules : 1884.
PRIEUR, Félix-Jules : 1892-93.
PROVINS, Oscar : 1892.
PRUNIER, Gaston : 1894.

QUELLAIN, Louis-Eugène : 1887.
QUILLET, Ferdinand : 1890-91-92-93-94.

RACHOU, Henri : 1893.
RACINE, Eugène : 1893-94.
RAMUS, Gaston-Amédée : 1894.
RANFT, Richard : 1891-92-93.
RANSON, Paul-Elie : 1892-93.
RASETTI, Georges : 1892.
RASTOUX, Jules : 1889-91-92-93.

*RATHOUIS, Arthur : 1884.
RAVANNE, Gustave : 1893.
RAVAYRE, Emile-Jean-Jacques : 1888-89.
RAYMOND, Marie-Gaëtan : 1891.
RAYMONT, Archambaud : 1890-91.
REGNIER, Charles-Alphonse : 1893-94.
REGNIER, Ludovic : 1892-93-94.
REGOYOS (de), Dario : 1890-92-93-94.
*RENAUD, Henri-Dominique : 1884.
RENAULT, Jacques : 1891-92-93.
*RENOUT, Lucien : 1884.
RENOUX-GEVENS, Ernest : 1891.
*REVERCHON, François : 1884.
REY (Mme), Rita : 1894.
RICHARD, Jules-Gédéon : 1891-92-93.
RICCI, Joseph : 1894.
*RICHNER, Paul : 1884.
RIEGER (Mlle), Jenny : 1890.
RIGOLLOT (Mlle), Claire-Pierrelle : 1888-91.
RIMONEAU, Edmond : 1894.
*RISLER, Charles-Auguste : 1884.
RIVIERE, Charles : 1891-92-93.
RIVOIRE, Louis-Claude : 1894.
ROBERT, Armand-Auguste : 1892-93-94.
ROBERT, Eugène : 1891-92-93.
ROBIN, Louis : 1891-92-93.
ROCHE, Pierre : 1889-91-92-93.
ROIFFE, Lucien : 1893.
ROIG, Soler-Jean : 1894.
*ROSIER, Henri : 1884-86-87.
ROUBICHOU, Alphonse : 1893.
ROUGE (Mme de), Julie : 1892-94.
ROUILLE, Léon : 1892-93-94.
ROUSSEAU, Emile-Virgile : 1886-87-88.
ROUSSEAU, Henri : 1886-87-88-89-90-91-92-93-94.
ROUSSEL, Henri-François : 1892-93-94.
ROY, Louis : 1890-91-92.
ROYBON, Antoine : 1890.
ROYER, M.-E. : 1890.
ROYER, Marcel : 1893-94.
ROZIER (Mlle), Geneviève-Vanlinden : 1889-90.
RUBIS (Mlle), Ella : 1888.
RUIZ (Mme de), Lola : 1893-94.
RUSINOL, Santiago : 1891-92-94.

SAAF, Erik : 1893.
SABATIER, Louis-Annet : 1889-90-91-93-94.
SAINT-BIE, Henri : 1886-91-92-93.
SAINT-HERAN (Mme), Madeleine : 1889-90-91-92-94.
*SAINT-LAURENT, Pierre-Gustave : 1884.
SALLES-WAGNER (Mme), Adélaïde : 1889.
SAMSON, Emmanuel : 1889.

(Voir la suite deux pages plus loin.)

EXPOSITIONS	1	2	3	4	5	6	7	8	9	10	11	12	13	14	16	17	18	19	20	21	22	23	24	25	26	27	28	29	30	Guerre	31	32	33	34	35	36
ANNÉES	1884	86	87	88	89	90	91	92	93	94	95	96	97	98	00	01	02	03	04	05	06	07	08	09	10	11	12	13	14		20	21	22	23	24	25
Dunoyer de Segonzac																												13	14		20	21	22	23		
Dupont																												13	14		CG	C	CG	23	24	25
Plumet (Léon-Jean)																												13	14							
Reymond (Carlos)																												13	14		SA	Dsl	22	23	24	25
Aly																													14							
Moreau (Luc-Albert)																													14		VP	VP	VP	VP	VP	25
Igounet de Villers																															SG	SG	SG	SG	SG	SG
Jacquemot																															SR	SR	SR	SR	SR	SR
Schreiber																															SA	21	22	TA	T,	T
Léveillé																															T	TC	TC	TC	CG	VP
Domergue-Lagarde																															20	21	22			
Léger (Fernand)																															20	21	22	23		
Lhote																															20	21	22	23	24	25
Marchand																															20	21	22	23	24	25
Metzinger																															20	21				
Parent																															20	21	22	23	24	25
Urbain																															20	21	C	C	24	25
Gleizes																															Pr					
Alix																																	22	23	24	25
Bompard																																	22	23	Pub	Pub
Ladureau																																	22	23	24	25
Deslignères																																			24	25
Diligent																																			24	25
Gromaire																																				25

Établi par
Ch. Igounet de Villers
Secrétaire général
— 1926 —

SANGLIER, Jules : 1886.
SANSON, Victor-Charles : 1891.
SARACHAGA (de), Angel : 1887.
SARDA, Henry : 1887-88-89-90-92-93.
SAUVAGE, Arsène-Symphorien : 1890-91.
SAUVAL, Albert-Jean-Baptiste : 1888.
*SAVINE, Léopold-Pierre-Antoine : 1884.
SCHADET. Bernard : 1893-94.
SCHAECH, Paul : 1887-90-91-92-93-94.
SCHAVAEY, Gustave-Jacques : 1893.
*SCHLAICH, Alfred : 1884-87-88-89-92-93.
SCHLICHTING, Max : 1893.
SCHOUTTETEN. Louis : 1891.
*SCHUFFENECKER, Claude-Emile : 1884.
SEGUIN, Armand : 1893.
*SEGUIN, Arsène-Gilles : 1884-86-87-88-89-90-91-92-93-94.
SELLIER, Paul : 1893.
SEON, Alexandre : 1888-89.
*SERENDAT DE BELZIM, Louis : 1884-86-87-88-89-90-91-92-93-94.
SERRES, Antony : 1890.
SERRET, Charles-Edmond : 1891-92.
SERVAL, Maurice : 1890.
*SEURAT, Georges-Pierre : 1884-86-87-88-89-90-91-92.
SEVALLEE, Eugène : 1884.
SEYNAC, Léon : 1893.
*SIGNAC, Paul : 1884-86-87-88-89-90-91-92-93-94.
SIGNARD. Claude : 1891-92.
SILFVERBERG (Mlle). Ida : 1889.
SIMAS, Martial : 1890.
SIMONET, Louis-Claude : 1890-91.
*SISOS (Mme), Aline : 1884-88.
*SOLVET, Emile : 1884.
SON, Johannès : 1890-91-92-93-94.
SONNIER, L. : 1894.
*SOULACROIX, Charles : 1884-86.
SOULEY-DARQUE (Mme). Marguerite : 1889-90-91-92.
SPECHT (de), Emile : 1888.
SPES, Luigi : 1893.
*SPURNY, Jean : 1884.
STEINLEN, Théophile-Alexandre : 1893.
SWART (Mlle de) : 1893-94.

TARTARAT, Georges-Oscar : 1891-92-93-94.
TASSART, Jules : 1894.
*TELLIER, Albert : 1884-88-89-90-91.
TENAILLE, Louis : 1890-91-92-93.
TEISSIER, Pierre-Léon : 1889-90-91-92.
TINEL (Mme), Jeanne : 1890-93-94.
TISSIER, François-Alexandre : 1894.
TOOROP, Y.-H. : 1892.
TOULOUSE-LAUTREC (de), Henri : 1889-90-91-92-93-94.
TOURNAY (Mme), Jeanne : 1889.
TRACHSEL, Albert : 1891.
TRAVERS, Désiré-Louis : 1889-90-91-92-93-94.

TREZEL, Louis-Ange : 1893-94.
TRILHE, Ernest-Félix : 1892-94.
TROTIN, Georges : 1893.
TRUFFAUT, Raoul : 1886.

URBAN (Mme), Ernesta : 1886-87-88-89-90-91-92-94.
VALLET, Gabriel-Julien-Désiré : 1894.
VALLOTTON, Félix : 1891.
VALROFF, J.-L. : 1894.
*VALTAT, François-Victor : 1884-87.
VALTAT, Louis : 1894.
*VALTON, Edmond-Eugène : 1884-86-87-88-89-90-91-92-94.
VAN GOGH, Vincent : 1888-89-90-91.
VAN IMSCHOOT, Edouard : 1891-92.
VAN RYSSELBERGHE, Théo : 1890-91-92-93.
VAN DE VELDE, Henry : 1890.
VASCO, Henri : 1886-87-88-89-90-91-92-93.
VAUDEL, Juste-Alphonse : 1888.
VERKADE, Jan : 1892.
VIARDOT, Gaston : 1887.
VIARGUES (Mme), Marie : 1890-91.
*VIGER (Mme), H.-Perrine : 1884.
*VINCENT, Georges : 1884-86-87-88-90-91-92.
VINCENT-DARASSE, Paul : 1892-93-94.
VOGELIUS, Paul : 1889-90.
VOLANT, Octave : 1890.

WAHSNER, Ernest : 1887.
WALDMANN, Pierre : 1892.
WARRENER, William : 1892.
*WATERNEAU (Mlle), Hermine : 1884.
WERTHEIMER, Gustave : 1890-91-92-93.
WIERRE, Adolphe-Joseph : 1890.
WILLETTE, Léon-Adolphe : 1890.
WILLUMSEN, Jean-Ferdinand : 1891-92-93.
WUHRER, Louis : 1886.

YMART (Mlle), Marguerite : 1892-93-94.
YVETOT (Mme), Elina : 1888.

*ZEVORT, Georges : 1884.
ZULOAGA, Ignacio : 1892-93.

Liste établie par Ch. Igounet de Villers, secrétaire général, en 1926.

Le secrétaire général sera reconnaissant à toute personne qui lui enverra d'anciens documents concernant la Société : bulletins, catalogues, imprimés divers.

NOTES

TABLE DES MATIÈRES

L'ÉMANCIPATRICE
IMPRIMERIE COOPÉRATIVE
3, RUE DE PONDICHÉRY
ooo PARIS-XVe ooo

7834-2-26

www.ingramcontent.com/pod-product-compliance
Ingram Content Group UK Ltd.
Pitfield, Milton Keynes, MK11 3LW, UK
UKHW022054260726
13993UKWH00001B/115

9 782329 197906